茜《あかね》　雲《ぐも》

日航機御巣鷹山墜落事故遺族の 30 年

8・12 連絡会　編

本の泉社

目 次

目　次

第2部　123便事故調査の解説書が出された後の遺族たちの問いかけ

はじめに

５２０人の犠牲者を出した日航ジャンボ機御巣鷹山墜落事故から今年で30年になります。飛行機が無事に大阪空港に着いていたら巡り合うこともなかった残された２８０もの家族は、事故後４ヵ月目に「８・12連絡会」というゆるやかな連帯を持つ一つの輪を作りました。

私たちは「たくさんの人に支えていただいたから今がある」。そのぬくもりにただただ感謝しています。そして、「人の心の痛みは人の心でしか癒せない」と思います。

30年前、一人では抱えきれない、たくさんの深い深い悲しみに遭遇しました。それでもその日からそれぞれが精一杯生きてきました。その過程で人の悲しみを自分の悲しみとして受け入れることのできるたくさんの仲間を得ました。私たちは、あゆみのゆっくりな仲間を「置いてきぼりにしない」と決めました。

仲間の悲しみの深さを想像することは自分たち自身の悲しみを見つめることにもなりました。「悲しみを悲しみだけに終わらせてはいけない」と一緒に歩いた日々は、いま、御巣鷹山を中心にして被害者、加害者の枠を超えてかけがえのないネットワークとなりました。

大切なものを失う。家族、仕事、故郷、地位……。私たちは、毎日何らかの「喪失」を経験しています。起こってしまったことそのものを変えることはできません。悲しみや苦しみを避けて通ることもできません。

「喪失」の中でも最愛の人を突然亡くすことは、様々な変化が心身に強く生じます。その苦しみに縛られる時間を少しでも短くするためには様々な支援が必要です。

事故や災害の被害者たちが御巣鷹山に共に登って、心をつなぐことができるのは、社会の「安全」と被害者や負傷者への継続的な支援体制、そして何よりも「失われた命を生かして欲しい」という共通の願いがあるからです。

様々な事故の経験により国は、公共交通事業者による被害者等支援計画の策定に力を入れるようになってきました。これはこの30年でよかったと思えることの一つです。「事故を起こさないようにするから、そのような支援計画はいらない」という考え方はひと昔のことです。事故が起きたとき、被害者をどう支援していくかを事業者が考えておくことは、その事業者への信頼につながります。社会の安全への意識を高めることにもなります。また、対立関係に陥りやすい企業と被害者の間に立ち、国がサポートすることは被害者の人権を守ります。事故が起きたとき、二重三重に被害者が苦しみを背負わないように日ごろからの計画と訓練が大切です。

この30年間で事故や災害に遭った被害者の連携が進み、遺族・被害者の思いを言葉にし、発信し続けたことで、蚊帳の外に置かれていた被害者がその存在を示す場が作られました。事故調査の説明を受けたり、裁判では被害者参加制度を利用して裁判に加わったりしました。検察審査会への道が広がったことも成果の一つです。

信楽高原鉄道事故の遺族たちの運動で２００１年航空事故調査委員会に鉄道事故調査が加わりました。さらに２００８年には、より権限の強い運輸安全委員会に改組されました。

そして、２０１１年には８・12連絡会の要望に応えて、運輸安全委員会が１２３便事故調査報告書の解説書を作成。さらに、多くの事故被害者団体の要望に応えて２０１２年４月、国交省に公共交通事故被害者等支援室、運輸安全委員会に事故被害者情報連絡室が設置されました。30年前にはなかった事故の被害者を支援するための組織体制作りや計画の策定が進められています。

一方で組織事故の背景を含めた事故調査はまだまだ万全ではありません。被害者の視点を入れた調査や事故調査機関の被害者への情報提供の在り方などは論議が必要です。また、事故調査機関の透明性・独立性や人員や予算の充実や専門官の養成も急がれます。被害者に対してもさらに開かれた運輸行政、事故調査機関となるよう要望していきたいと思います。罰することだけでは安全は守られません。加害者が真実を語れる環境作りが必要です。

遺族の願いがかない、事故後21年目に「日航安全啓発センター」ができたのは大きな出来事でした。このような施設は世界でも例がありません。遺されたモノが新たな役割を作り出しました。遺品や遺構が訴えている「いのち」を想像することが、マニュアルには書かれていない安全への意識を高めます。

文集を毎年編集しながら思うのは悲しみの色は一人ひとり違うということ。そして、1年1年違うということ。1年目の文集『茜雲』を絞ったら、器から涙があふれ出すと表現した方がいました。文集は、ほぼ毎年発刊され28集になりました。30年前は周囲の人に悲しみをなかなか理解してもらえず、社会からの疎外感もありました。当時はＰＴＳＤという言葉もなく、携帯やインターネットもなく、ましてや被害者支援という認識がない時代でした。だからこそ、頬を伝う涙を言葉にし、被害者同士の呻きを手紙に託し、みんなで会報を作り、支え合いました。苦しみを理解してもらうには、当事者からの発信が必要だと思いました。

大切な人が亡くなったその一瞬から家族の歯車が狂います。何度も噛み合わせを図る過程はこの文集にも書かれています。私たちは日常を取り戻す日々の中で多くの皆様と出会い、たくさんの方々の支えをいただきました。とりわけ、群馬の皆様は一番辛いときから共に歩んでくださり、30年間事故を共に伝えてくださいました。皆様はかけがえのない私たちのこころの財産です。

30年目の『茜雲』の表紙は事故1年目と同じ赤色にしました。この色は亡き人が最後に見たであろう「茜雲」の色です。私たちは事故後失われた日常がいかに大切なものであるかを経験しました。

戦後70年の今、失ってはいけないものがあります。それは、私たちの日常です。戦争や事故や災害はその「日常」を破壊します。「日常の大切さを守りたい」。それがこの赤色の表紙に託した思いです。

今年の『茜雲』の中で多くの遺族が語った言葉は、「みんな、頑張ってきましたよね」です。亡くなった人が生きられなかった時間を生きてきた、その日々を心からかみしめる言葉です。これからも、亡くなった人が生きられなかったときを「社会の安全・空の安全」を求めて活動を続けます。事故当時を知らない遺族たちに祖父母や父母たちからのバトンを渡しながら共に活動し、事故を伝えていきます。

どんなに技術が進んでも、安全の最後の守り手は人間の意識です。私たちは事故を起こした企業の体質に目を向けてきました。効率や利益を優先することで地道な安全対策の積み重ねが置き去りにされてしまうことがないように訴え続けてきました。それは、「悲惨なだけの出来事にしてしまいたくない」という思いからです。日本の「安全文化」は被害者が発信する悲痛な声、事故を起こした側の真摯な反省の姿勢、それらを受け入れ、支えていく社会の動きが合わさって高まっていくのだと思います。

私たちの事故後も二つの大震災、原発事故、海外の戦争やテロ、9・11、そして、鉄道事故、飛行機事故、高速バスの事故、トンネル事故、洪水、山崩れ、噴火など、たくさんの人災、天災が起きています。多くの被害者がそこにいます。

この小さな冊子が災害や事故に遭い、苦しみの中で身動きできない方が前に向いて歩いて行くことに少しでもつながったらと、そんな思いで今年も編集しました。この『茜雲』は、私たち8・12連絡会と携わってくださった方々との共著です。皆様のぬくもりに感謝してお届けいたします。

8・12連絡会事務局

第1部

123便御巣鷹山墜落事故から30年を迎えて

1．日本航空123便事故の概要

１９８５年８月12日、日本航空１２３便（使用機材ボーイング７４７ＳＲ型ＪＡ８１１９号機）は乗客５０９名、乗員15名、計５２４名が搭乗し、大阪伊丹空港に向かい18時12分に羽田空港を離陸した。

離陸後約12分を経過した、18時24分35秒に、７年前のしりもち事故の誤った修理に起因する異常事態が発生して操縦不能となり、18時56分ごろ群馬県上野村近くの山中に墜落、重症を負いながら救助された４名を除く５２０名が死亡するという単独機としては航空史上最悪の事故となった。

御巣鷹の尾根の墜落現場

墜落現場付近で発見された後部圧力隔壁

乗客の遺品のカメラに残されていた JA8119 号機の機内の様子
小川領一さん（遺族）提供

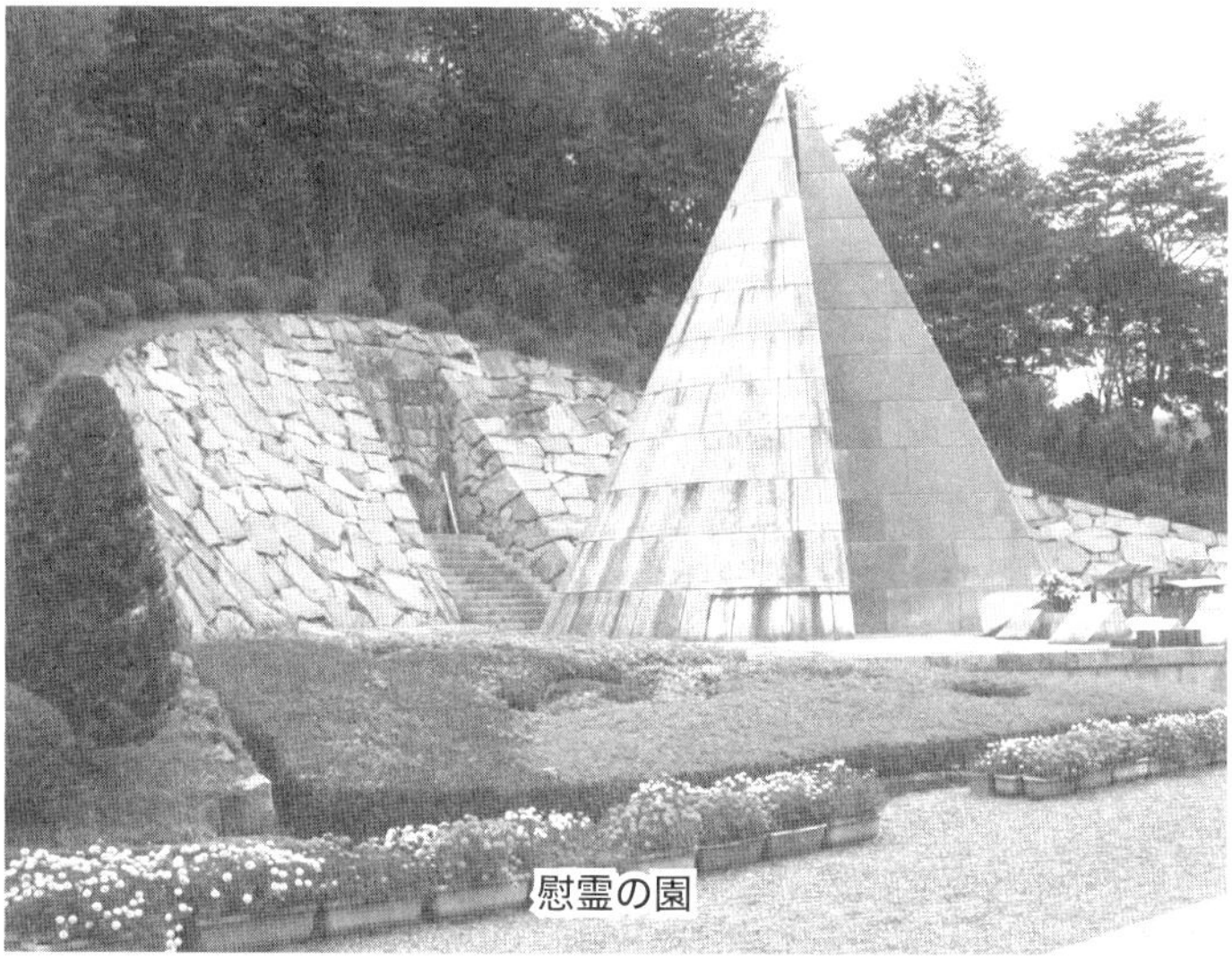

慰霊の園

日本航空の安全啓発センター

墜落現場の御巣鷹の尾根にある
「昇魂の碑」

毎年、慰霊祭に合わせて神流川（かんながわ）で行われる灯篭流し

2．上野村の皆様に感謝を込めて

２０１５年８月

５２０人の犠牲者を出した日航ジャンボ機御巣鷹山墜落事故から今年で30年になります。

飛行機が墜落した群馬県上野村にある「慰霊の園」は、事故後1年目に作られました。

上野村の黒澤丈夫前村長は、事故後すぐに１９７１年に起きた全日空機雫石衝突事故の現場である岩手県雫石市の慰霊施設を視察しました。そして、上野村に慰霊施設を作ることを決めました。

日本航空、ボーイング社からの基金をもとに財団を作り、この慰霊施設を完成させました。「慰霊の園」理事会の運営は、上野村、日航、遺族であたり、「慰霊の園」には上野村村民が管理人となり常駐し、山を管理する村人を配置し、事故現場や登山道などの整備をしています。

上野村は、私たち遺族にとっては今、故郷のような地です。事故後から足を運ぶたびに、この村の人たちのあたたかさに遺族たちは生きる力をもらってきました。このような立派な施設が作られたことに遺族は心から感謝しています。

毎年8月12日の慰霊行事は、この群馬県上野村の皆さんの手で執り行われています。この施設は遺族支援の中心的役割も果たしています。被害者が平穏な日々を取り戻すためには祈る場所が必要です。御霊は、ここ上野村の人々に守られ、世界の人々が安全を祈る場となっています。

上野村の30年は、こうした事故や災害が起きたときに各関係機関と市町村が連携して人命を救助し、その後どのように被害者を支援するのが望ましいかを実際に示してくれたのではないかと考えています。

そして、この悲惨な事故を伝えていくには次の2つが必要です。

①子どもたちにわかりやすく事故の説明をしていくこと

②節目節目に追悼をしていくこと

未来に向けて記憶を新たにすることが命の大切さを伝えていくことになるでしょう。

墜落した事故機に乗っていたのは関西圏の乗客が6割を超えていました。401世帯。そのうち22世帯は一家全員が亡くなりました。一度に8人の家族を亡くした方もいました。母子家庭になったのは、189世帯で、およそ半分を占めました。乗客の中には50人を超える子どもたちや幼児がいました。

そして、事故の現場となった御巣鷹の尾根に13日未明、この地形を熟知している上野村消防団が入りました。急峻な山肌で遺体が重なる中生存者４名を見つけ救出しました。怪我をした女の子を木で組み合わせて作った担架に乗せ、消防団の男性は自分の法被をかけました。

一方、多くの家族は事故直後から一週間は群馬県藤岡市に滞在し、暑い体育館の中で遺体の確認をしました。その間、多くの藤岡市民があたたかい支援の手を差しのべてくれました。その後も遺族は部分遺体を捜すために何回も藤岡市に足を運びました。

遺体を確認することは困難極まる作業となりました。現在のようにＤＮＡ鑑定で行うのではなく、棺を一つずつ開けては確認していくという過酷なものでした。歯型だけでの確認も多くあり、40度を超える体育館で検視の医師たちは想像を超える激務でした。群馬県の医師会や歯科医師会の本に克明に記録されています。本当に貴重な記録です。

御巣鷹の尾根は標高１３６５メートル。30年前、４時間以上かかって必死に登った山道は今は整備されて、わずか１キロの道のりになりました。御巣鷹山は４月下旬から山開きで11月で閉山となります、登山道は村の人々と日航が整備をして、安全を確保しています。

そして、飛行機が無事大阪空港に着いていたら巡り合うこともなかった残された２８０もの家族は事故後４ヵ月目に「８・12連絡会」というゆるやかな連帯を持つ一つの輪を作りました。8・12連絡会は、事故を風化させないために毎年上野村でいろいろな行事をしてきました。

遺族は全国にいるので、〝ゆるやかな連帯〟を会の方針として運営してきました。事故を風化させないための活動は上野村、地元の市民をはじめ、多くの皆様に支えられて別の事故や災害の遺族とも連携しています。

山頂の「安全の鐘」は事故から7年目にたくさんの方のご寄付により8・12連絡会で作りました。8月12日は山頂でシャボン玉を飛ばしたり「安全の鐘」を鳴らしたり、また「鎮魂の鈴」にメッセージを書きます。墓標前では地元の人々が奏でる高崎アコーディオンサークルから亡き人々が好きだった曲が流れます。

8月11日に上野村の河原で行われる灯篭流しは8・12連絡会と支援団体の主催で8月12日に「慰霊の園」で行われる追悼行事・ろうそく供養は上野村主催で行われています。この2つの行事には、多くの人々が全国から集まります。

繰り返し、繰り返し、追悼行事を執り行っていただきましたことに心から感謝いたしております。

30年を経て、私たちは未来を生きる子どもたちのために「安全な社会」を残したいと強く願っています。

この30年、御霊を守り支えていただいた上野村村長をはじめ、村民の皆様方、本当にありがとうございました。これからもよろしくお願いいたします。

8・12連絡会事務局

3. 茜雲30年――文集

まだまだ溢れてくる涙と悲しみとあなたへの感謝と

若本千穂（神奈川県）
父（50歳）を亡くす

父が死んだ年と同じ年齢を迎える今年を、あの頃の私は想像もできなかった。ただただ、先の見えない未来と、不安、怒り、悲しみをすべて抱えていた。

本当に気がつけば30年経っていた。

20年を迎えて40歳になったとき、これからの時間は私が父と生きた日々よりも、父がいない日々のほうが長くなることが信じられなかった。

母と妹との3人での日々が20年もあったことも信じられなかった。

その間、息子を私なりに一生懸命育てた。いつしか彼は母（祖母）を助けて登山できるほどに成長し、今年は社会人1年生、もしかしたら仕事の関係で8月12日は無理かもしれない。

一つひとつ心や体に刻まれた悲しみ、不条理な思いや事実は深く残り、言葉にできるのに時間軸として話すことができない。一周忌、合同慰霊祭、初めて息子とした登山、一つひとつは鮮明なのに。


お父さん。

お母さんはあなたの思うように生きてこられたでしょうか。

ふがいない娘を必死に守って生きてきた母を、私たち2人は支えてこられたでしょうか。


お父さん。

それでもあなたの孫はしっかり私たちを守ってくれていますよ。

あなたの細い目がなくなるくらい、彼はちゃんと自分の道を歩んでくれていますよ。

お父さん。
理恵だって自分のやりたいことをしっかりあの子なりに頑張っているでしょう。
あなたに似てマイペースなところは彼女らしく安心しています。

お父さん、お父さん。
今年になって部屋を片付けたとき、まだ残っていたあなたのセーターを処分しました。
もうあなたの香りはしないけど、とてもかび臭かったけど、
最後に頬ずりして袋に入れました。

お父さん。
こうして思いを綴っていると、まだまだ溢れてくる涙と悲しみと、
そして、あなたへの感謝に驚いています。

30年経っても何も変わりません。
お父さん。またいつか書きますね。

展明さん、久美子の花嫁姿、本当にきれいでしたよ

神林三恵子（兵庫県）
夫（33歳）を亡くす

今年2月21日。娘がステキな彼と出会い、めでたく結婚式をあげることができました。

お式の中で、娘が私に手紙を読んでくれました。

「お母さんへ　今日はたくさんの皆様の前で結婚披露宴をすることができてとてもうれしく思います。お母さん、今日まで大切に育ててくれて本当にありがとう。頑固なところがある私ですが、いつも私を信じてやりたいことをやらせてくれたことに感謝しています。

お母さんとは大きくなってから、何でも話せるようになり、大人になってからのほうが素直に甘えられるようになりました。気づけば、私も33歳、お父さんが亡くなった歳と同じになりました。お母さんは当時、今の私よりも若かったわけだから、3歳の私とおなかに大ちゃんを抱えて、本当に大変だったと思います。

お父さんのことはほとんど覚えていないけれど、キャンプが好きだったとか、マヨネーズ

は立てて逆さまにして置きたいタイプだったとか、いろんなエピソードを話してくれたね。毎年、御巣鷹山へ行くのが当たり前になり、慰霊登山なのに、小さいころは、それが、家族旅行みたいな感じがしていました。

父親がいない生活が当たり前で、それがどんなものかはわからなかったし、おばあちゃんや、お母さんが、いつもそばにいてくれて、父親がいなくて寂しいと感じることは少なかったような気がします。でも、今日ここにお父さんがいないことが、初めて寂しいと思いました。

家のこと、家族のこと、いろんなことをいつも一人で考えてやってきたお母さん、これからは、私も甘えるばかりではなく、力になれたらと思っています。だから、これからも好きなダンスは続けて、いつまでも、生き生きとした、元気なお母さんでいてください」

しっかり者で、自慢の娘ですが、がんばり過ぎて、体調を崩すこともありました。父親に対する気持ちを今まで聞く機会はなかったのですが、このとき、30年間、触れずにいた素直な気持ちを知って、涙が止まりませんでした。

展明さん、久美子の花嫁姿、本当にきれいでしたよ。きっと、あなたが見守ってくれていたから、ここまでこられたんでしょうね。大祐も仕事がんばっています。私は還暦をむかえ、退職し、野菜作りがんばっています。御巣鷹山へもこの2年行けていませんが、今年は、がんばって登ります。これからもずっと、見守ってくださいね。

娘の遺してくれたもの

田中　蔚（兵庫県）
娘（26歳）を亡くす

人を愛して愛される人に　育てよと
名づけし「愛子」　空に散り逝く

昭和六〇年八月一二日、娘が日航機墜落事故に遭遇した。娘は体育の教師をしていた。御巣鷹山の山奥で傷があれば自分で止血し夜露を飲んででも必ず生きているにちがいない。そう信じて現地へ駆けつけた。事故は凄惨を極め想像を絶していた。蒸し風呂の体育館に漂う線香と遺体の臭気の中に、性別不詳、年齢不詳と記された柩が並ぶ。

バラバラ遺体の中を気が狂ったように捜し求めてわが子にやっと巡り合えたのは、七日目であった。娘の柩には「中学生」と書かれていた。妻が「この手、愛子の手や、指と爪の切り方が愛子や」と言う。「どんなに変わり果てた姿であろうと、せめて一晩わが家の畳の上に寝かせてから葬ってやりたい」という妻を説いて遠い高崎の地で荼毘にふした。来春の結婚に夢みたであろうウエディングドレスを着せ、好きだったテニスのボールを左手に握らせて。

花嫁の　衣装を着せて　荼毘にふせし　遺骨を抱きて　など微笑める

一条の煙と共に白骨と化したその遺骨を抱きしめたとき、とめどなく流れる涙と共に「よう帰ってきたのう」と思わずほほえんだ私。同道した婚約者の姿がいじらしかった。彼はこの事故の一ヵ月ほど前に「愛子さんとの結婚を認めてください」とわが家を訪れた。「うちは同和地区ですよ」「愛子さんから聞いています。両親がお盆にお願いに来る筈です」これが彼と交した最初の会話であった。

そして奇しくも遺体収容の藤岡市の体育館で両家の親が対面した。私が同和問題に触れたとき、お父さんは「私は教師です。少なくとも人さまに平等を説く人間として自分を偽るようなことはようしません」といわれた。私は返す言葉もなかった。娘の縁談を聞いたとき「それでも親戚の中には反対の人がいるかも」とか「娘が先々思い悩むのでは」と、あれやこれやと思い過ごしていた自分が恥ずかしかった。こんなお父さんや彼だからこそ「わたし部落の生まれなんよ」と重いことばを打ちあけることができたのだろう。

「これからも息子をお宅の家族の一員に加えてお付き合いさせてください」

とお父さんはおっしゃった。お盆休みの休暇が切れ、いくら勧めても彼は職場に帰ろうとしなかった。疲れはてた妻の肩をもみ、私に濡れたタオルを絞り、買い物や電話の対応や遺体の確認に奔走した。遺体の見つかるまでの一週間、娘が神戸を発つときの服装や持物、歯型などの情報を持って数人の友だちが阪神や和歌山から駆けつけてくれた。いずれも大学時代やその後のスポーツ仲間だった。葬式がすんでからも四国や岡山から友だちが訪ねてくる。友情とは何なのか。愛とは何なのか。ひとかどに愛の道を人に説いてきた私に果たしてそれができるのか。

愛とは人に説くことではなく行うことなのだ。それを私は教えられた。

四九日がすんでから彼は半畳分もある大きな娘の肖像画をもって来た。娘の面影が鮮やかに描かれていた。「仕事の合間に毎晩絵筆をとる間だけが心休まるときなんです。愛子さんに会いたくなれば、この絵を見に来ます」と言う。四九日を一つの区切りに思いを断ち切らせたいと願った私だったのだが。

人は軽く、一〇年先、二〇年先を口にするけれど　そのときを大切にしなければ

今、光っていたい

娘の絶筆である。「今、光っていたい」の思いを遺して娘は還らぬ人となってしまった。朝夕仏壇に合掌するたびに、唱えるべきお経を知らない私はこの詩を口ずさむ。いつの間にかフシのつくようになった詩を口ずさみながら、私は水平社宣言の最後にある「人の世に熱あれ、人間に光あれ」の西光万吉の言葉と重なり合って、今日も静かに手を合わせる。

あれから八年の歳月が流れた。青春の真っただ中に散った花のあとにいくつかの、実が残された。その種が今、私の生き方を導き、そして支えてくれる。

かつての婚約者は今は、二児の父親となったが、家族で時々わが家を訪れて来る。その奥さんに出合うたびに「娘が生きていれば……」と私は涙ぐむ。妻は「愛子が孫を連れて帰って来た」と喜ぶ。いつかその奥さんが「私、父いないんです。父はお酒が好きで、私が高一のとき、肝硬変で亡くなりました。お父さんもお酒ほどほどにして、父の分まで長生きしてね」という。この人には「ここは主人の以前の婚約者の家だ」とか、「ここは同和地区なんだ」とかの思いはみじんもない。人を信じ切っているのである。

娘の招きなのか、私はよく群馬へ講演に出かける。そのたびに人々の温情にふれる。昨年は赤城山麓、宮城村の方が子ども連れの家族四人で、今年は高崎市倉賀野中学校ＰＴＡの方が一〇人、御巣鷹に登って娘の墓に花を供えてくださったという。富岡市の茂木さんが丸一日をさいて車で山を案内してくださった。いずれも車で山の麓まで往復七～八時間の道のりである。仏のような人々の情にむせびながら娘の墓前にぬかずくと「お父さん、人はみんな生まれつき、やさしい心、思いやりの心を神様から授かってるんよ」と娘は私に語りかけてくる。

今、光っていたい

一、時間は…
悲しみや苦しみをやわらげて
涙をため息にかえてくれる　　　そう信じます
心は翼をもっていて……　　　人の命には限りがある……
だからこそ　自分の思うように生きたい
人は軽く10年先　20年先と口にするけれど
そのときを大切にしなければ……　　　今光っていたい

二、「一日一生涯」とお前は言った

そのとき、その一日を精いっぱい生きていたいと
被差別部落に生まれて
人に後指さされるような
恥ずかしい生き方はしたくないと
人としての誇りに生き抜きたい
私は今、光っていたい

三、今、光っていたい、そんな思いを残して
娘は二六歳の生涯を閉じました
娘よ　お前はそんなに光っていたかったのか
娘よ　お前から決して光を消しはしない
暗闇の仏間に　今日も灯りをつける
お前の小さな灯りが
やがて燎原の炎となって
この世から差別がなくなるその日まで
娘よ燃え広がれ　娘よ光るがいい

四、心は翼をもっていて

娘は私に語り続けてくれる
お父さん　悲しみや苦しみをのりこえて
今、光っていたい　私の思い
人に伝えてね　みんなに伝えてね　お父さん
年老いたって言わないで
お父さん

（1993年『茜雲　総集編——日航機御巣鷹山墜落事故遺族の二〇年』より再掲）

あかり

佐田和子（埼玉県）
夫（53歳）を亡くす

ここ数日、日没が早くなったような気がする。山里、上野村は六時にはすっかり日が暮れてしまう。村役場の下の神流川の河原には大勢の人が集まっていた。

いろいろな所から遺族、ボランティアの藤岡婦人会の方たち、マスコミ関係、アコーデオン・サークルの人たちが、八月一一日夕刻この川で灯籠流しをするために、いろいろな思いをもって集まった。障害者作業所の人たちの手作りの灯籠は、牛乳パックで上手に作られていて、それにはひまわりも、ヨットも、トンボも明るい色彩でのびのびと描かれている。私は久しぶりに出会った方たちと、一頻りお互いの無事を確かめ合い、近況をかたりあってから、灯籠を手にした。一字一字、夫と話しているようにメッセージを書く。元気でここにいられることを感謝し、一緒に来られなかった娘や孫たちのことなども書いた。

なぜ？　どうして？　考え続けての年月。もう一度逢いたい！　気持ちのたけを小さい文字でいっぱい書いた。哀しい恋文だ。

蝋燭に火をつけて、そのときまで灯籠を抱きしめながら待つ。お嬢さん三人を亡くされた大阪の田淵さんの合図で黙祷、胸がつまって目が潤む。そおっと川の流れに灯籠をうかべる。私の手を離れた灯籠は、暗い川面をゆっくり流れて川下の闇の中に消えていった。次々と流される灯籠は、すーと流れたり、くるくる回ったり、たちどまったり、幻想的な影絵の舞台のようだ。

灯籠のあかりは人のこころを揺さぶる。もう逢うことのできない人への思いを、流れていくあかりに託しながら、しばらくは言葉を失い、消えていく灯籠を見続けるだけだった。川下の闇の中へ次々と消えていく灯籠を見送り、私たちはアコーデオンに合わせて〝ああ御巣鷹山〟〝シャボン玉とんだ〟〝ゆうやけこやけ〟〝見上げてごらん夜の星を〟〝上を向いて歩こう〟リクエストされた、逝ってしまった人の思い出の曲、ゆかりの曲を、宝塚の〝すみれの花〟〝錆びたナイフ〟〝琵琶湖周航歌〟（私のリクエスト）なども歌った。山に向かってペンライトをふりながら……。

翌一二日夕方この地方特有の大夕立があった。ものすごい稲妻と雷鳴、道までも川にしてしまいそうな大雨。慰霊式に集まった人々は不安と恐怖に震え上がった。大雨は三〇分ほどでやんだ、嘘のように。残照が山を染めていた。

式典の後、慰霊の園で蝋燭供養。五二〇の名前が刻まれた名碑に五二〇本の蝋燭が並び、私たちは墜落の時間に合わせて一斉に点火する。小さく揺れるあかりに、すすり泣く人、その名を呼びながら語りかける人、荘厳なときを、蝋燭のあかりが哀しい。

あかり、それは人のこころに感動をよび、和み、癒しを与えてくれる。流れていく灯籠に、蝋燭の炎に、亡くなった人を思い、御霊安かれと祈りながら、来年もここに立てますようにと願うのだった。

三〇回目の夏が来る。時間という現実は私の気持ちの重さには無関係に容赦なく過ぎていく。たった二五年しか一緒に過ごせなかったのに、ひとりの時間は三〇年もたってしまった。会える日はそう遠くないと思うから、それまでせいぜい良い時間を過ごそう。

じいちゃん、何で死んだの

野中光子（大阪府）
夫（42歳）を亡くす

お元気ですか　もう30年になるのですね。

30年の間色々とありました。

楽しかったこと、苦しかったこと、思えば早かったです。

私も年を取って、足が弱くなって、ころんで怪我をして大変でした。

目が悪くなって、メガネをかけての生活です。

でも、入院したり寝込んだりしないだけ幸せだと思います。

毎日孫たちがチンチンと鐘をならして仏壇にむかって「いってきます」と言って元気に出かけていきます。

じいちゃん、いつも見守ってくれているよ。

いつも仏壇の前でじいちゃん、じいちゃんと言っているのが聞こえますか。

生きていたら優しいおじいちゃんになっていたことでしょうね。

去年テレビで日航機の番組があって一時間位だったと思うのですけど、それを三年生の孫がじっと見ていました。むつかしいのにわかるのかと思いながら見ていたのですけど、最後まで見ておりました。後は何も言わずにいたのですけど、少しずつ興味を持ち始めたのだと思います。私に「じいちゃん何で死んだの」と聞いたりします。大きくなっておすたか山に登るようになったら良いのにと思います。

今はなかなか行かれません。今一年に一度お花を頼んで持っていってもらうのですけど、暑いのに大変だと思いながらいつも感謝しております。今頃、私の友だちも多くの人がそちらの方にいったでしょう。さぞかしびっくりしていると思います。人が死ぬということは寂しいですね。でも今は子どもたちや優しいお嫁さん、孫たちと毎日楽しくくらしています。だから、もう少ししたらそちらに行くことになるかと思いますけど、もう少しの間待っていてください。楽しいみやげ話をたくさんもっていきますね。

こちらの方は皆元気ですので、安心してくださいね。ゆっくりおやすみください。

おじいちゃんへ

野中れんと（大阪府）
祖父（42歳）を亡くす

おじいちゃんへ
天国でお元気にしていますか。
ぼくは元気です。
もうすぐ四年生です。
天国はどんな所ですか。
おじいちゃんが生きていたら昔のことをいっぱい話してもらえたのになと思います。
じこのテレビを見て、こんなじこがおこらなければ
みんなぶじに家に帰れたのになと思いました。
ぼくたちはがんばって生きていくので見守っていてください。

れんとより

白い機体

竹下政宏（兵庫県）
父（48歳）を亡くす

山の上の青空に
小さな白い機体が
夕日を浴びて輝いている
とても　きれいだ
しばらくすると
それは見えなくなった
あの日に選ばれた人たち
あの日に残された人たち
残された人たちは
旅人でも無いのに山奥を訪れる

あの日から
いったい何故、どうして？
長い年月が、通り過ぎた

夏の日
山奥に宿泊したときのこと
夜、虫の音に誘われるように
外に出た
そこは都会に無い静けさ
澄み切った
清らかな空気が
流れている
しばらくすると
真っ暗なはずの夜空に
煌々とひしめく
満天の星々が

静かに語りかけてきた
ああ
やっと、みんな
星になったんだね

遠くに見える
山の上の青空に
小さな白い機体が
夕日を浴びて輝いている
そのとき、誰かが
笑顔で、そっと
手を握った気がした

平成27年1月

目には見えないけれども大いなる力によって生かされている

能仁怜子（徳島県）
娘（22歳）を亡くす

最愛の子どもを突然に事故で亡くすその悲しみや苦しみは三〇年経っても決して消えるものではありません。

日航ジャンボ機123便がレーダーから消える、墜落、そして乗客名簿に「能仁千延子」の名前……。そのときのことを決して思い出したくありません。奈落の底に一度に突き落とされ、そこで見てきたものは地獄そのもの、涙も出ずただ呆然と立ちつくすだけでした。

悲しみの内にお葬式をつとめました。声を出して泣きたいときもありましたが、悲しいのは家族皆同じことです。こっそりとお仏壇の前で、また思い切りお風呂の中で泣いたこともありました。特につらかったのは何もすることがなく、空白の時間ができたときです。事故のことが思い出されるからです。それで時間におかまいなく、あちらに、こちらにと電話をかけまわりました。どれだけ人にご迷惑をおかけしてきたことでしょうか。苛酷な人生を乗り越えてこられた方々からも温かくより添い支えていただきました。感謝の思いで一杯です。社会に飛び出したばかり、千延子はどんな夢を開かせていこうとしていたのでしょうか。小学生から大学生に至るまで、お友だちがたくさんいました。人から好かれ可愛がられ信頼され、また、人にやさしく思いやりがあり、誰からも慕われておりました。大学ではご指導いただいたジャック・ベジノ先生（故人）が、所属のフランス文学科主催で追悼式も行ってくださいました。

あちらから、こちらからと友だちは救いの手を差しのべてくださいました。

お寺に生まれお寺に嫁いで来た私は、常日頃から老少不定、諸行無常の理をよく聞かされて来たはずなのに、現実をなかなか受け入れられずにもがき苦しんでまいりましたが、ああそうだ、このことだったんだ、と今までうかつに過ごして来た自分に気づかされました。自分の愚かさに気付かせてくれたのが千延子の死の縁でした。私を育てんが為の死と受け取ったとき、素直にありがとうと変わってまいりました。何をとってもすべて恥ずかしい私でしかありません。

「生ある者は必ず死に来し……」、「死の縁は無量」、「人の命のはかなきことは夢まぼろしの如し」、「愛しい人ともいつかは別れていかなければならない」。今迄聞かされてきた仏様の教えをここに初めて自分のこととして受け止められました。１２３便のチケットを私が送り

「ごめんなさい、ごめんなさい」と合わす手が「ありがとう」に変わってまいりました。それからというもの、寺内で、また保護司活動（定年まで）で「今を大切に」「今を精一杯生きよう」をモットーにしてまいりました。対応に行き詰まれば、「千延子」ならどうする、と問いかけ、何時も二人の毎日でした。

寺内で門徒の人々は、逃れることのできない老少不定、諸行無常と、悲しい中にも受け入れつつ少しずつ前にということを、私の姿を通して学んだでしょう。しかし、実は、私のほうがお参りに来る方々の姿を通して受け入れられ育てられたのかもしれません。誰もが何時かこの世を去っていかなければなりません。今この一時一時を無駄に過ごさない様にできることから精一杯生かさせてもらうしかありません。

乗った便は尻もち事故を起こし、その修理ミス、気象も多少関係していたかもわかりません。絶対安心、安全の神話は崩れてしまいました（幻想にすぎず、あるはずもないのです）。二度と起こしてはならない事故も後を絶ちません。

技術はどんどん進歩して行っても、それを扱っていくのは人間です。生活が豊かで便利になって行くのとは裏腹に、人を思いやる心が乏しくなってきた様に思います。事故の教訓は活かされず、たくさんの人が亡くなっています。すべて事故災害が起こってからの後手、後手の対応です。各地で起こる災害、自然の脅威、原発事故、想定外ではすまされません。

この事故を決して忘れることなく、教訓を最大限に生かし、少しでも早く穏やかな幸せに戻したいものです。

いのちの証を桜に託して

八月一二日、奇しくも三女・千延子の振袖（参列用）が届いた日でもありました。千延子に似合うものをと、仕立てたものですが、二二年後に気付いたのですが衣裳の裾の方には一枝の桜が描かれていました。

二ヵ月後に迫っていた二女・博子の結婚式、悲喜こもごもの慌ただしい日々でした。先様のおはからいで悲しみの中にも式は無事に終えその後も苦しみの中にあるとき、夢を見ました。人の行列が山を登って行く。その上の方にはお堂（あとで知る阿弥陀堂）があり、先頭に立って登っているのが千延子でした。また見た夢は清らかな水の流れの中に千延子が居る。続いて見る夢に、すぐ博子に電話を入れました。博子も驚きでした。同じ頃、夢を見ているのです。不思議なことに姉の側に来て「私のことは心配しないで。大丈夫だから」と。

また、千延子のすぐ後には仏様がいて、振り向いた顔は今迄に見たこともない嬉しそうな顔をしていて、「お母さん、そんなに心配しないで」と安心させてくれました。

その頃でした。私の姉（香川県丸亀市）が桜の苗木を送ってくれました。その名は「緋寒桜」、普通の桜よりも一足早くから咲き始め、嵐でも無ければ一ヵ月位咲き続けるそうです。二女の博子が嫁いだ先は西国十三番札所石山寺（本尊は如意輪観音）、広大な敷地、夢に見た場所、風景と一致しました。あの夢の中の木は桜だったのでしょう。早速石山寺座主（娘の主人）に桜の木を植えさせて欲しいとお願いしました。快く受けてくださいました。最初は娘の年の数、二二本、そして一〇八本……みんな一緒だった、五二〇本にしようと夢はだんだんと膨らんでいきました。姉を通して苗木を作っている方（坂出市）にお願いし、その方も頑張ってくださって、二年余りで揃えてくださいました。姉はせっせと荷造りをして送ってくれました。本当に大勢の方に助けていただきました。

娘は一人でなかった。共に逝った五二〇人、みんな一人一人尊い命、このまま忘れ去られてしまいたくない。桜も同じはかない命、花びらのひとひらひとひらは風に乗って儚くもどこかへ消えてゆく。五百年、千年、いのち永らえてこの季節に参詣する多くの人の心をいやして欲しい。桜は眺める人のそれぞれの心の中にあります。そのような思いで一人一人の命の証を桜に託しました。

私の家の庭にもその兄弟木が数本、早いのは二月中旬から咲き始め三月下旬まで咲いており、満開のときは道行く人たちの足を止めております。二二年目の春、ご縁をいただいて石山寺に植えられた桜を見せてもらいました。大きく育ち、美しく輝いて咲いている。その下から離れられませんでした。その見事な満開の桜、私には浮かれる気持ちよりも、いとおしくもあり一抹の寂しさを覚えました。五二〇本の桜は苗床で大切に育てられ、登って行く道筋に、また広いお山に点々と夢桜として植えられてありました。緋寒桜が終われば次の桜が咲きます。山の上からの眺めはまるで雲の上から眺めている様に美しい。きっと私たちを見守ってくださっているのでしょう。水の流れ、四季折々に咲く花のある庭（境内）もあり、私はそこが仏様のおられる「お浄土」のように感じられます。

「姿よき　雲生れきたる　千延子の忌」

一周忌のとき、友だちのお母様よりこの句をいただきました。
またいつか会いたい。いつか穏やかな心で眺めたい。
桜も気持ちが立ち直るご縁となりました。

今私は頭の中に腫瘍を持っております。二〇年前に手術で取り除いてもらったのですが、また今も同じくらいの腫瘍ができております。もう二度目の手術はむつかしい所でできません。ただ良性であることだけが救いです。二〇年程前、直接お医者様から「脳腫瘍です」と云われましたが、驚かない私に再び「脳腫瘍ですよ」と云われました。私には怖いものは何もありませんでした。千延子は赤ちゃんのとき、健康優良児でした。其れでも早く死ななければならない。

私はこの年になるまで生かされている。今できることを精一杯させてもらわなければ早く逝った人に申し訳ない気持ちで頑張って動いております。

今静かに振り返って見ますとき、目には見えないけれども大いなる力によって生かされているのだと、感謝の日々を送らせていただいております。

家庭の事情でしばらく御巣鷹山にいくことはできませんでしたが、東日本大震災の前には、秋に長女の家族と五人で、また昨年八月には長男と一番下の小学五年生の孫（晃慈）と長女の四人で、御巣鷹山に登ってきました。健ちゃんと同じ年頃の孫の後をついて登りながら、美谷島さんが、事故直後すぐに、現場に登って行った親の気持ちが痛いほどわかりました。安穏な世の中を願うばかりです。

合掌

31年目、また1年、生きてみます

小澤紀美（大阪府）
夫（29歳）を亡くす

30年前の１９８５年8月12日、あのときから私は時間が止まり色も匂いも感情さえもない暗闇の日が始まりました。

あれから30年、一年また一年と生きてきました。

残された者は愛する人を亡くした悲しみより、その後生きていくことの方がもっと辛く悲しいことを知りました。

生きる気力と目的を失った私に現実は容赦なく迫ってきて、止まったままの時間と動いている現実とに押しつぶされそうでした。

でもその現実こそが生きていくということだとも知りました。

当時、私のことを心配した方から様々な言葉をかけていただきました。でも誰のどの言葉にも耳を傾けることができず受け入れられずにいました。

あるときこんなことを言ってくださる方がいました。

「ご主人のことばかり考えて泣いて過ごしていたら亡くなったご主人は心配で仕方ないわ、あなたの幸せを願って見守ってくれているはず、あなたが笑顔でいることでご主人も安心できるのではないかしら」

　これを聞いたとき、彼の悲しそうな顔と嬉しそうな顔とが浮かびました。笑顔のステキな人でした。逝ってしまった彼には笑顔で私を見ていて欲しい、そう思ったときから自分のなかでほんの少し何かが変わり始めました。行きつ戻りつの心の動きを繰り返しながら少しずつ自分自身を取り戻していったように思います。私の心の中にはいつも彼がいると感じられるようになりました。

　止まっていた時間が小さな音を打ちながら動き出しました。空の青さを花の香りを感じ、子どもの成長を何よりの喜びと思うことができるようになりました。

　悲しみと向き合うペースは人それぞれ違います。何年経っても何年かかっても構わない、もう何年なのだからということはないのです。少しずつ悲しみと自分と向き合いながら受け入れていけばいいのだと思います。私も三〇年掛けてようやく今があるのだと思っています。

　突然愛する人が亡くなった死を理解することも納得することもできない、それなら私の中に受け入れてみようと思いました。同化して生きる、悲しみも悔しさも全て私の中に受け入れて同化して生きていこうと思いました。進んでは止まり、また少し進む、落ち込んで前を向けないときもありました。今でもどうしようもなく心の奥が痛み、涙がとめどなく溢れるときがあります。そんな繰り返しを一年また一年と積み重ねてきた三〇年です。

事故後、遺族同士が会えば言葉もなく泣き、電話しては涙し、手紙を書いては涙で文字が見えませんでした。この頃は、どうしてるの？　元気？　お互いに年とったね？　と笑って声をかけます。みんな一生懸命頑張って生きてきました。支えて支えられてきた大切な仲間です。こんなに優しい絆を残していってくれて有り難う！　と言いたいです。

私はたくさんの人たちに支えられ励まされて生きてきました。決して一人では生きてこられませんでした。心から感謝の三〇年だと思います。

空の安全に終わりはありません。飛行機は今日も飛び続けています。事故を風化させないで声を発信していくことが安全に繋がっていくと信じています。

三一年目、また一年、生きてみます。

8・12連絡会への感謝

波多野無漏子（東京都）
娘（24歳）を亡くす

今年の8月12日は、あれから30年の年月が流れた命日になります。

その日を目前にひかえ、連絡会の皆様、事務局の皆様に感謝の気持と御礼を申し上げたくお便りを差し上げます。

私、事故の後は、現地で遺族の方々とお会いするのも憚られ、行事への参加もつらい気持ちでおりました。その様な気持ちのとき、お会いした美谷島様は、いつも声をかけてくださいましたね。「気持ちは一つ、皆同じよ」と励ましていただき、上野村へ行き、行事に参加することを後押ししてくださいました。私たち客室乗務員家族も年に一度会うことを励みにする様になりました。

日航機の事故の当時は、まだ心のサポートとか寄り添い等の援助の考えが普及しておらず、8・12連絡会はお互いを支え合う大切な場になったと思っております。また、連絡会は他の事故の遺族の方々にも声をかけてこられました。また、美谷島様の著書の『御巣鷹山と生きる――日航機墜落事故遺族の25年』（新潮社、２０１０年6月）では事故後の「それからを生きる」ということを勉びました。

私も昨年夫を見送りましたが、なんとか三〇年目の命日を迎えることができそうです。昨年お会いした方が、今年はいらしていなかったりし、これが30年という年月なのでしょう。

私は、これからも、足を鍛え、京子の妹たちのサポートを受け、慰霊登山を続けたいと願っております。８・12連絡会の皆様、これからもよろしくお願い申し上げます。

科学万博会場での1枚の写真

山﨑　裕（茨城県）
兄（47歳）を亡くす

30年。遠い昔のことのようにも思える。しかし、1枚の写真を見ると、まるで昨日のことのように当時のことが蘇ってくる。昭和60年7月下旬、当時茨城県つくば市では科学万博が開催されていた。我が家が万博会場のすぐ近くにあり、兄・章ファミリーが泊りがけで訪れてくれた。翌日、二家族が万博会場で一緒に撮った写真。皆、楽しそうに写っている。暑い日、兄も私も短パンだ。それから3週間後、兄は大阪からの日帰り出張の帰路、帰らぬ人となった。働き盛りの47歳で。

兄と私、そして弟と、私たちは男ばかりの3兄弟だ。父親が北海道に勤務していた関係で、私たち家族も北海道の札幌、岩内、函館、滝川などを転々とした。岩内では、今の泊原発からごく近くのなだらかな山すそに8年程住んでいた。兄は、私よりも5歳上で、小学校、中学校、高校と、一度も一緒に同じ学校に通うことはなかった。辺鄙なところなので、家の近くには友だちもおらず、私は下の弟と遊ぶことが多かったが、兄は受験勉強に忙しく、たまに6畳間で相撲をするくらい。兄は気分転換と称して母親に空気銃を買ってもらい、一人で山に出かけてはシジュウカラやキツツキなどを撃っていたようだ。私も弟も小さ過ぎて、銃には触らせてもらえなかった。そんな年の離れた兄を私たちは「兄ちゃん」と呼んで畏敬の念をもって見ていた。

早くして母が、そして父が68歳で亡くなり、兄が一家の長となった。気づくのが遅くなったが、そのころから兄はよく私や弟のところに顔を出し、気を配ってくれていたようだ。冒頭に触れたように、科学万博見物では我が家に1泊してくれたが、その足で、当時、千葉市に住んでいた弟一家の所にも寄って1泊している。

御巣鷹登山、この30年間、毎年というわけにはゆかなかったが、何回登ったことか。最初に登ったのは事故後40日後のこと。兄の遺体が確認されたスゲノ沢は、まだ、機体の残骸が散乱していた。こんなところで兄は働き盛りの命を落としたのかと思うと堪らない思いだった。その頃はまだ登山道も整備されておらず、谷川の流れに沿って登って行ったが現場にたどり着くまで随分と時間を要した。現在は上へ上へと車道が整備されて、今では徒歩30分ほどで現場に到着する。この30年の間に私も70歳を超えた。最近は心肺機能や平衡神経の機能の低下などから、この30分ほどの山道を登るのも青息吐息になってしまった。昨年は8月に登ったが、スゲノ沢にたどり着くだけで息が上がってしまった。今年は遭難後30年目ということで何とか登りたいと、昨年来、速足や軽いランニングを組み合わせてのウォーキングをしてきたが、まあ、ゆっくりと時間を掛けて登ることにしよう。

　遭難後に見た兄の日記には強い望郷の念が記されていた。兄も私も弟も、北海道、とりわけ、父の転勤先では最も辺鄙な岩内の山や川、そして海辺のことが忘れられない。家（炭鉱住宅を買い上げたもので、「炭住」と呼んでいた）からはるかに南に望む羊蹄山、ニセコ連峰、雷電岬、そして西にホリカップ海岸など。夕暮れとき、何千羽ものカラスが群れをなして延々と家の上を横切って裏山に帰ってゆく風景。山でのキノコ狩り、タケノコ採り、山ぶどう狩り、砂浜や岩浜での水遊び、自転車で海岸線の道路を走るサイクリング（といっても普通の自転車）、夏は片道10キロ強の砂利道の自転車通学、冬は石炭運搬列車の駅まで40分ほどの雪道を歩き、1両だけ連結されたストーブ付ポンコツ客車に乗っての通学（これは兄ちゃんだけの経験）など。

　苦しかったことも、今となっては涙が出るほど懐かしい思い出だ。こうしたことを、年齢を重ねるごとに兄も懐かしく思い出していたことであろう。生前、仕事の関係で、岩内の泊原発の建設工事に関係して、しばしば郷里を訪れる機会に恵まれたのは、私にとっても、せめてもの慰めだ。しかし、その原発が東日本大震災の発生以来、停止してしまっているのは残念に思う。原発に賛成か反対かということではなく、兄が故郷で関わることができた唯一の仕事が無意味になってしまっているからだ。

遭難当時、兄の子どもたち（2男1女）は、下は小学校6年生、上は高校3年生だったと思うが、今ではそれぞれ立派に成長して一家の主や主婦になっている。長男はちょうど兄が亡くなったときと同年齢だ。自分の年齢で父が亡くなったということ、想像もできないだろう。子どもたちはそれぞれ結婚して間もなく家を建て、子どもも二人づつ恵まれている。兄は6人の孫に恵まれた訳だ。

兄の遭難後、一人で3人の子どもを育て、それぞれ一人前にするのに義姉はどれほど大変だったことかと思う。天国の兄は大満足、さぞかし喜んでいるに違いない。8月の御巣鷹登山では義姉と3人の子どもたちのファミリー、私たち兄弟とその家族が合同で登山し、スゲノ沢に20数名が勢ぞろいすることもあった。小さい孫たちが楽しそうに遊ぶ。この風景を兄もすぐ傍で満足そうに見守っていることだろう。

今も兄は共に歩んでくれている

山崎　徹（東京都）
兄（47歳）を亡くす

「夜　風強し、発足を想いだす。目をつぶると発足の山の中にいるような気になる。父さんと母さんが生きているような気がする。弟たちと5人で暮らした頃に一瞬もどった気がする」

事故後に読んだ兄の日記には、家族全員がそろって暮らした故郷への強い思いが綴られていた。発足（ハッタリ）とは、私たち兄弟が子どもの頃に約10年間過ごした北海道積丹半島の付け根にあった村の名称である。

戦後復興期で日本国中が大変な時代、父は公務で原生林、熊笹を焼き払いながら開墾をして農事試験場を立ち上げ、母は電気、水道、もちろんガスもなく店もない僻地での厳しい生活に耐えながら私たち兄弟を育てた。

兄の大学入学や就職前、家族全員が共に暮らしたここでの生活は私たち家族に強い絆と忘れがたい多くの思い出を残した。

ときを経て、早くに両親を亡くした後、兄は私たち弟のことを常に気遣い、出張などの機会を利用して全国何処にでも立ち寄ってくれたし、法事や正月などに川西市の兄宅に兄弟家族が元気に集まると、大好きなビールやウイスキーを飲みながら、とても楽しく嬉しそうにしてくれた。

最近、退職を契機に北海道での家族の足跡を訪ね、ゆっくりと当時を偲んだ。冬に備えてのマキ割り、ランプへの灯油補充とホヤ磨き、ポンプでの水汲み、屋根裏を走り回るネズミと追う蛇の音、いつも眺めた羊蹄山や雷電岬、洞爺丸台風と眼下の岩内町大火、家族トランプや父手作りのすごろく遊び、枕元が凍りつく厳冬、ひび割れて血が滲んでいた母の指、ランプの下で測量結果を整理する父の姿……、ナナカマド、ハタンキョウ、スカンポ、コクア、グスベリ、山ぶどう、落葉きのこ、曲がりたけ…次々と走馬灯のように蘇り、両親を助けることもなく心配ばかりかけていた自分を詫びた。

発足村（現：共和町）を離れて半世紀以上が過ぎ、開墾した農地の多くは原生林に戻り、一番奥にあった我が家跡地へは入り込むことすらできなかった。

誰もが貧乏で不便だった時代……、つぎはぎだらけの服を着た子どもたちの遊ぶ声が聞こえた跡地周辺には家一軒もなく、鳥の鳴き声だけが当時のまま響いていた。

当時、兄はここから山坂を越え、夏場は自転車、冬場は炭鉱列車、ときには吹雪の中を徒歩で町の中学・高校まで片道約10㎞の道のりを通い、帰りには町からの買い物などで母を助けてもいた。両親を助け、弟たちの世話をし、苦労して社会に出て一家を構え、子どもの成長を楽しみに忙しく飛びまわっていたのに、その子どもたちの成人した姿を見ることなく死に追いやられた兄。今も悲しく悔しく、事故を起こした者たちの罪を憎む気持ちは変わらない。

事故から30年、毎年夏の慰霊登山には東西各地から子ども・孫、兄弟家族などが大勢集まり、墓標の前で賑やかに昼食を摂るのが毎年の習慣になっており、年を追うごとに孫たちも増えて賑やかになっている。絆を大切にという兄の無言の教えが生きていて、今も兄は私たちを見守り共に歩んでくれている。

30年の間に、地震、豪雨など大きな自然災害に見舞われ、鉄道事故、原発事故など人的災害も多く起きて多大な悲しみを与えられた。

冷戦が終結して国際緊張が緩むかと期待したが、思想、信条、民族、宗教……。拡大する格差等によって、当時よりも地域紛争が増加するなど混沌としている。

ネット社会など便利になった反面、人との触れ合いが減った無機質な日常で、子ども・孫らの将来が心配でもある。

事故直後から上野村の皆様には大変お世話になり、慰霊登山口までの道路延長、登山道の整備、登山口にある杖、慰霊の園での温かい対応など本当に有り難く思っている。登山道は黒澤様ご夫妻のご努力で歩きやすく細やかに整備され、墓標も綺麗に保たれている。

年ごとに足腰が弱まり、この先いつまで登れるか判らないが、上野村はじめ関係者の皆様への感謝の気持ちを忘れずにいる。

あのときから……

片桐悦子（大阪府）

夫（41歳）を亡くす

この度初めて投稿致します。三〇年の節目に振り返ると、自分の歩んで来た一筋の道の様なものを見つけることができ、やっと書ける気持ちにもなりました。

30年前の涙は慟哭、不安、寂寥、訳のわからぬ涙で、心が整理されぬ日々でした。長男は中学校受験、次男は小学校受験と目標を持って華道家の夫と共に仕事を助け合いながら頑張っていました。しかし、その夢も何もかも吹っ飛んでしまい、只々泣くばかりでした。

その間も私の友人は、次男をずっと塾に連れて行ってくれました。

ある日、「悦子さん、やっぱりお母さんが一緒でないと、健ちゃん駄目になっちゃうよ」との助言にはっと目をさまされたのです。あ、そうだ、子どもたちには私しか親はいないのだと気付かされ、彼女の言葉で現実を直視することができました。夫の親友の奥様で、今でも心に響く言葉として大切にしまっています。

残念なことに彼女は末期ガンで余命を宣告され、病と戦っています。花が大好きな人なので途切れることなく美しい花々を届けて、痛みや辛さを少しでも花が和らげてくれる様に祈っています。子どもと三人の多難な生活がスタートして以来、どれ程力強い支えになってくださったことでしょう。お世話になりっぱなしのご夫婦に私は何もしてさし上げられず心苦しい限りです。あなたが天に召される迄、祈りを籠めた花を活けて届けます。少しでもお心が癒されます様に。

子どもたちの成長を顧みるとき、「受験」が一つの関所でした。次男は幸い希望の小学校に合格しましたが、長男は心定まらぬ日を送っていました。この上なく父を敬愛していた長男にとって、事故は余りにも大きいショックでした。小学校六年と言えば感受性も強い年頃、愛する父との突然の別れを受け入れられないのも無理からぬことでした。

八月一二日の深夜、日航機の墜落場所もまだ確定しない中、着のみ着のままで長男と共にバスに乗り込み、群馬方面に向かいました。夫の血液型はＲＨマイナスＯ型で、もしものときの輸血のことを考え長男に話しますと、「僕も行く」と言ってくれたので連れて行きましたが、今から考えると、幼な心に修羅地獄を体験して、生涯忘れられぬ深い深い澱になっていると思われます。

高校に進学したものの心がふさぐ日々で、親子の会話も一方通行で苦しみばかりの関係でした。ついに高一の夏休み、アメリカに留学したいという本人の希望で、親類を頼って旅立って行きました。五年間会話無しの年月は難しい問題を残してしまいました。遺族の方々の中にも父親の存在の大きかったことを痛感し、苦難を乗り越えて来られた方も多いことでしょう。

四面楚歌のときは懸命に仕事をして、子どもたちが大人になったら理解してくれると信じて、とにかく今を生きることに全力を注いできました。夫が元気だった頃は随分喧嘩もし、家を飛び出したこともしばしばでしたが、ああしてあげれば良かったとか、何であんなことを言ったのかとか、反省と後悔ばかりでした。やっと気づいたのは、先々を考えて夢を追い、夫はこうなったらいいなあと私に語りかけていたのです。女の浅はかさで、「現実の厳しさの中で夢ばかり追っても…」と反対していました。謝るすべもない悲しすぎる思い出です。

二人の子どもには折ある毎に父親の夢を語ってやりました。たくさんの人に好かれ、友だちも多く、リーダーシップもあり、花もとても上手な人でした。次男は今映画の世界で仕事をしていますが、彼の幼い頃夫が、「実は映画の道に進みたかったんだ」と言った覚えがあります。映画制作に奮闘している次男の姿を見たら、夫も喜んでくれることでしょう。

長男も紆余曲折はありましたが、私を越え夫の世界に入り込んだ花を活けています。生け花の心構えを教えてくれたのは、幼い日の父の死と写真に残された膨大な作品。はかない人の命と一輪の花の命を見つめて大切にするいけ花の原点を教わったのです。東日本大震災以後、南相馬に拠点を置き、線量計を付けて被災地を広く歩いて鎮魂の花を活け、被災地の現在の姿を残す作業を粛々と続けております。

夫は、一地方都市の堺から世界に文化を発信する仕事をしたいという夢と、子どもたちの情操教育の大切さを語っていました。私は彼の夢を具現化する為、いけ花インターナショナルにおける多方面のデモンストレーション、本の出版、講演、海外の仕事等々、必死にやり続けてきました。

そして、今年で二一年目になる花と堺の地場産品（自転車・線香・刃物・昆布・和晒、緞通・木材）をコラボレーションした中学高校生のいけ花展「よく見よう郷土堺」展を主催しています。これはまさしく日本の伝統文化を学び、地域を知り、創造性を育てるものです。

夫が「子どもたちにも不特定多数の人に見てもらえるいけ花発表の場があったらいいのに」と口にした言葉を心に温めていた結果叶ったことです。

三〇年を経て、言葉に尽くせぬ体験がありました。でも、人に助けられ、後ろを振り返らず、懸命に仕事をしてきた日々の蓄積が、今の心の安寧と少しばかりの諦観につながったと、感慨深いこの頃です。

当時は、言葉に言い尽くせぬ事態でした

田淵親吾（兵庫県）

娘3人（25歳）（20歳）（15歳）を亡くす

当時の我が身、及び妻の悲鳴とも思へぬ怖声に何を成すべきか！

言葉に言い尽くせぬ事態でしたが……。

8・12連絡会事務局は、早々の組織作りを成され、大阪への呼び掛けも有り、大成果を成しました。我が身のことながら、妻の身の荒れも、遺族の集いで色々と情報を得て、少しずつではありますが、今の有り様を得ることができました次第であります！

今想うに、遺族会の御蔭と深い想いであります。

三〇年！　今も夫婦二人の生活で〝睨めっこ〟の日々でありますが！

文集、茜雲を見読することで、孤独から立ち直る気持ちになり、諸々の事態に対処できる

様になります。

有難うございます。改めて御礼申しあげます。

〝8・12連絡会の活動よろしくお願い申し上げます〟

パパ

谷口真知子（大阪府）
夫（40歳）を亡くす

パパと会えなくなって30年が経とうとしています。

何だかアッという間の30年という気もしますが、パパとの結婚生活が15年でしたから、その2倍の年月が経ってしまったんですね。

パパが傍にいてくれた15年間は本当に幸せでした。

人は幸せなときはそれが当たり前で、その幸せが何時までも続いて、何時の日にか別れが来るなんて思いもしないものなんですね。

あのときのひととき、ひとときを、もっと、もっと大切にしておけば良かった。何時も、何時も私や子どもたちを、大切に守ってくれたパパに有難うを言えば良かった。

何気ない日々の暮らしがどんなに貴重な時間なのかを気づけなかった自分が、今更ながら悔しくてなりません。

息子たちもそれぞれ父親になり幸せな生活を送っています。

仕事の忙しさ、そして、子育ての大変さの中にかけがえの無い時間があることを決して忘れないでください、パパと私の分まで、長く、長く平凡でも穏やかな日々を送って欲しいと、心より願っています。

パパも息子たち家族みんなをこれからもずっと見守ってやってくださいね。

昨年次男一家と御巣鷹山に行く車の中で孫の結菜が「じいじが死んでいないときに会いたかったよ」と私に言いました。1歳になる前から毎年、毎年欠かさず一緒にお山に行ってくれている孫です。次男やお嫁さんからも、パパのことを聞いているでしょうし、勿論私も折に触れてじいじ（パパのことですよ）のことを話しています。この幼い孫の中にもパパはしっかり生きています。

お兄ちゃんと誠の仕事のスケジュールが合わず、皆で一緒に行けない年もありますが、息子たちはそれぞれ家族を連れてパパに会いに行っています。

孫たちも大きくなってパパも吃驚でしょう！お兄ちゃんの所の長女はまだ3歳だったのに、昨年は一人でパパのところまで歩き通しました。

明るくて、元気一杯で妹思いの優しい子です。

その内私も孫に手を引いて貰ってパパに会いに行くことになるかも知れませんね。

私も昨年健康診断で腫瘍マーカーの数値が高く、検査、検査、の日々でした。

幸い今の所、異常は見つからずホッとしましたが、数値はまだ正常には戻らず、これからも定期的な検査を欠かさない様にと言われています。

母も今年は88歳、米寿となりますが、やはり体も弱り病院通いも増え、できないことも増え、その分私の負担も大きくなりました。もし私に何かあればどうなるのだろうと、ふと不安になります。自分なりに食事や運動に気を付けてはいますが、この先息子たちに迷惑をかけてしまうのではと心配です。

私が倒れたりすると私に頼り切りの母は勿論、今年10歳になった愛犬もたちまち困ってしまいます。

つくばや横浜で暮らしている息子たちにも何かと心配や面倒をかけてしまいます。まだ私が必要とされているんだから頑張らなくてはね！　マイナスなことは考えずにパパが守ってくれているから大丈夫と明るく暮らしましょう！

パパに守られていた15年間、パパが居なくなって幼い息子たちが大人になるまでの無我夢中の10年間、息子たちがそれぞれ結婚し、初孫ができてから5年間。パパも5歳、4歳、3歳の可愛い女の子三人のじいじになりました。

パパに会わせたいです。息子2人の父親姿も見たいでしょうし、パパがよく言っていた様にお酒も一緒に飲みたいよね。息子たちを見ていると二人とも子どもをまるで舐めるようにかわいがっている姿がパパそっくりです。

今パパが居てくれたら一緒に食事や、旅行に行けるのにね。どんなに楽しいことでしょうね。子どもたちと3人でぴったり寄り添って懸命に生きていた日々も去り、肩の荷がおりた反面、今の私には「あぁ楽しいなぁ」と思える時間は余りありません。決して不幸だと言うつもりは無いんですが、ずっと誰かを守らなければと言う思いが、少ししんどくなったのかも知れません。結局は淋しいんでしょうね。「子どもよろしく」のパパの遺言をなんとか果たした今、大きな目標が無くなって気が抜けたのかも知れません。

同じ事故でやはりご主人を亡くされ、ずっと仲良くしてもらったYさん。家族構成も似ていてよく2家族で、食事に行ったり、スキーに行ったり、御巣鷹山も一緒に行っていました。子どもたちも大きくなり、2人で旅行に行こうと約束していたのに、体を壊されて、その約束も果たせなくなりました。年を取るということは哀しいです。なかなか思っていた様にはいきません。

私もあと3年すれば古稀です。還暦のときには息子たちから素敵なプレゼントをいただきました。古稀は古くて、珍しいなんて少し嫌なので、5年後の、パパがいてくれたら結婚してから50年の金婚式、その代わりに息子たち家族と皆で旅行にでも行けたらと願っています。孫たちも大きくなっていて、今までの様に国内ではなく等と夢はふくらみます。

それまでは体も頭も健康でいられる様頑張ります。

今私は、孫たちをはじめあの事故を知らない世代の人たちに命の大切さ、そして日々を生き抜いていくことの大切さを絵本や漫画を通して伝えようと思っています。

パパ、空の上から応援してくださいね。

母より

越智良子（愛媛県）
娘（26歳）を亡くす

8・12連絡会の皆様、お元気ですか。

いつもお世話になり、心よりお礼申し上げます。昭和六〇年八月一二日、五二〇人の大きな夢が絶たれ、帰らぬ人となりました。御冥福をお祈りします。

あれから、三〇年の長い年月がたちましたが、私には、まだ少し前のような気持ちです。一日として忘れたことはありません。

現在いれば、どんなになっているかしら、子どもがいるかしら、孫もいるかな。

こんな思いで一日が過ぎます。

振り返れば、三〇年の年月がたち、私も年も取り、今は足腰も悪く山へ登ることはできません。主人も亡くなり今は一人で暮しています。

何か趣味でもみつけてと思い色々やってみますが、何も手につきません。

こんなことを書いていると目の前が涙でくもり、書けません。すみません。

これが今の私の心境でございます。一息ついて、一句書いて見ました。

御巣鷹に　電波とどけと　スマートホン
御巣鷹も　雪にうもれて　春を待つ
墓前にて　何度声かけ　返事なし
待っている　帰って来いよ　風の盆
手を合す　テレビに写る　慰霊塔
さびしさを　遺影に向い　ぐちこぼす
帰らぬ子　思いつづけて　日々暮し
皆おなじ　親子に逢いに　御巣鷹に
老体に　むち打ちつづけ　前向に
逢えたかな　父と娘の　愛の川
ささえ合う　心のやわらぎ　遺族会

まだまだ寒い日が続きます。皆様どうぞお身大切に、ご自愛くださいませ。
今後共、宜しくお願い致します。

佛様と生きた我が家の三〇年

高橋智恵子（埼玉県）
夫（54歳）を亡くす

昭和六〇年八月一二日深夜、羽田のホテルから始まります。バスに乗り、着いたところは信州の小海、そしてまたバスに乗り、藤岡に着きました。一〇日間藤岡の体育館にいました。

事故前の家族
主人、私、長女結婚（五歳・二歳子ども・夫）
長男　会社員　関西在住
（私の）母六年余り寝たきり（事故後、市の好意でホーム入居）

藤岡で主人を見つける毎日が続きました。体も気持ちもヘトヘト。八月二二日午後三時頃、やっと見つけることができました。夕方やっと、我が家に帰って来ました。

さて翌朝から、私が始めたことがあります。主人の大好きなコーヒーを淹れることを決めたのです。ドジな私では満足しないでしょうが淹れました。ひどいコーヒーだったと思います。でも三〇年続けております。

そして、佛事、雑事が終わり、九月も終わりそうな頃、母を迎えにホームに行き連れて帰りました。主人の事故は余りわかっていませんでしたが、母と二人の生活がスタートです。一人になりたくなかったから。でも、一一月二九日、母が亡くなりました。本当の一人ポッチです。八六年一月一日、もう正月はしません。毎日一枚写経を始めました。気持ちが落ち着きました。

六月、友だち同行で秩父の札所参りを始めました。一日に三ヶ所位参ったでしょうか。翌年の六月一三日、三四ヵ所終わりました。写経は続けました。そのあと8・12連絡会に出席する様になりました。そして、御巣鷹登り、春・秋、年二回、娘、息子の家族全員で行きました。一三年位続きました。その後は、一年一回、二年後春だけとか、三年後秋だけと少なくなりました。でも法事の年は、必ず行きました。

三〇年の前半は主人の供養ばかりで終わりました。後半は、父が佛様を大事にする人だったので、私も父がしていたことを思い出し乍ら佛事行事を変わらず毎年しました。法事二十三回忌のときは、会社の方も交えて大勢で御巣鷹に登りました。それから一度もお山に行っていません。孫娘の結婚する前、全員で登る計画を立てたのですが、当日大雨で実現できませんでした。元気なうちに登りたいと願っています。

最後になりましたが、8・12連絡会の美谷島さん始めスタッフの皆様の見守りと支えがあってこそ今の自分があると感謝しています。恩返しはできておりませんが、先日、何人かの方とお逢いすることができ、嬉しゅうございました。また、我が家の近所の方々、友人にも感謝しきれません。人間は一人では生きて行けないことの証明です。八〇歳も半ば過ぎ、体力も頭も弱くなって来ましたので、何時まで佛様共々生きられるかわかりませんが、生ある限りやるしかないと思っています。

皆様有難うございました。感謝を忘れないで生きて行きます。お元気でお過ごしくださいませ。

一人ひとりの30年、私の30年

山本啓子（大阪府）
夫（49歳）を亡くす

夫の事故当時、同居の夫の母は80歳、子どもたちは11歳、5歳、4歳だった。日帰り出張で行くときは新幹線を利用したのに。事故直後私は放心状態だった。そんなある日、子どもたちが泣いている私を不安そうに見上げていることに気づいた。

これでは子どもたちが情緒不安定になる。夫は子ぼんのうで事故後受け取ったカバンの中にも、おみやげの黄粉があちこちにくっついていた。これではいけないと思った。夫の死後もなるべく環境が変わらぬようにし、番犬がわりに犬を飼い、小鳥を飼った。夫の母も病弱ながらも気をとり直して、元気なときはお茶の間で子どもの宿題を見てくれるようになった。

明治生まれの母だったが、孫をただ甘やかすのではなく、昔、先生だったせいか教育熱心だった。夫の勤務先の会社の人々、近所の人たちも親切に温かく見守ってくれた。ただ毎年8月の慰霊登山のときは大変だった。まず、その間、母の面倒を見てくれる人の確保が必要だった。それも他人ではダメで夫の妹（当時東京在住）二人のどちらかに家に来てもらう。その日程に合わせて出かけた。それが私たちにとって年一回の宿泊を伴う旅行だった。

その内、妹の一人が大腸ガンで亡くなり家族揃って行けない年があったが、長男は一人でも行くと言った。8月11日夜のとうろう流しにも参加したいと出かけたが、現地に着いたときには、もう終わっていて真っ暗闇の中、歩いて宿屋に戻ったという。そんな体験をしてから長男は8・12連絡会のホームページ作り等の提案を考えていったようだ。

母は平成11年95歳のとき、病気で亡くなった。振り返ると、母は、日航の人誰とも会わなかった。それだけ深い悲しみと憤りは変わらなかった。現在、三人の子どもたちは、それぞれ自分の進路を決め、良き伴侶を得て生活していることが、私には何より嬉しい。

今年中には長男の所に赤ちゃんが産まれる予定だ。ただ夫の無念さを思うとき、このような悲惨な航空機事故が二度と起きないようにしてほしいと関係者に願うばかりである。

想いは世代を超えて

山本昌由（タイ在住）
父（49歳）を亡くす

今年で事故から30年目になります。

私が5歳のときに日航機墜落事故で父が他界しました。

当時は父が他界した事情もわからず、突然父がいなくなったことを不思議に思いながら過ごしていました。幼い3人の子どもを育ててくれた母や祖母などお世話になった方々に心から感謝しております。

一方で様々な場面で父がいないことは残念でした。

5歳のときの記憶では父の顔はぼんやりしていて、寂しいことですが薄れつつあります。

それでも様々な方から、父が立派に仕事をして家族思いである人柄など話を聞きました。

そして、父と母のように温かい家庭を築きたいという思いがありました。

昨年、私も結婚して子どもを授かりました。茜雲が発行される頃に父親になる予定です。

ぜひ私も妻と共に温かい家庭を築いてまいります。

この30年間で環境は大きく変わりました。

個人でもホームページや動画を通して情報発信が可能になりました。

２０１０年には様々な方のご協力で8・12連絡会のホームページを開設することができました。

現在も温かいメッセージがホームページや動画に寄せられます。

ホームページは日本だけでなく海外からも閲覧可能なので、ときには海外の事故のご遺族の方など海外からもメッセージをいただくことがあります。

事故や安全に対する想いは国境を超えていると感じます。

そして２０１３年、事故から28年以上も経ち、遺族の高齢化が進み御巣鷹山への登山が困難な方が増えました。

惨事を繰り返さないためにも、悲しむだけではなく事故の教訓を幅広い世代へ伝える方法を考えてきました。

一方、Ｇｏｏｇｌｅは、東日本大震災の被災地や原爆ドームなどをストリートビューで撮影・公開することを通じて、現代に歴史を継承する活動を行っています。

そこでＧｏｏｇｌｅにご協力いただき、事故の教訓を幅広く伝えるために御巣鷹山のストリートビューを公開することができました。

ストリートビューの撮影時に弟と共に慰霊登山することができました。

子どもの頃から弟や家族と共に御巣鷹山へ慰霊登山を続けてきました。

当時は現在のように登山道が奥まで整備されておらず、長い時間をかけて共に歩んで慰霊登山をしたので、弟と共に慰霊登山をして懐かしくも時代の流れを感じました。

撮影を担当してくださったＧｏｏｇｌｅの方々も非常に親切でした。

お一人は日航機墜落事故の後に生まれた方でしたが、親身に色々な場所を積極的に撮影されていました。

あらためてこれまでの活動にご協力いただいた関係者の皆様に感謝申し上げます。

人が生きる時間には限りがあります。その限られた時間の中、少しでも想いを共有できたことは幸いでした。

事故から30年目になり風化が進んでいますが、このような悲しい事故が繰り返されないよう事故を知らない世代や海外の皆様にも、事故の教訓や空の安全などを意識していただけると幸いです。

このような悲劇が二度と起こらないことを心より祈念いたします。

山の墓標の前でのひとときが一番幸せでした

増田千代（広島県）
息子（26歳）を亡くす

あのジャンボ機の大事故から今年で30年。息子は、仕事での出張は年中ありました。「ただいま。何かある？　コーヒーでも」とは毎度のこと。大きなカバンをドスンとおき、家に帰った安堵でホッとした気持ちで私のいれたコーヒーを美味しそうに飲んで……。大きなカバンには何日分かの着替、下着、それに行先で買ったおみやげをいっぱい持って帰るやさしい息子でした。あの様子はあの日からなくなりました。余りに突然な大事故、私共家族は大変なショックでした。今でもしっかり覚えていて一生忘れることはできません。

あの日から主人と二人で毎年登山。20年間、一年中で一番山の美しい六月初め。緑のトンネルをくぐりながら、勇生ちゃん（26歳）の墓標のあるスゲノ沢の奥へ。山の上の人たちより少し楽です。小川のそばでいつ登山しても墓標はしっかりと手入れが行き届き、記念植樹のヒメりんごの苗は、30年経て、今では大きくなり墓標をしっかり守ってくれています。地元の人たち、外の方々本当にありがとうございます。

お供えものをして少し休んで……。この一時が、私たち二人にとってあの子のそばで一番幸せ。でも、ゆっくりもできません。呉市に帰る時間もあります。「じゃ帰ろうか」と主人。「勇生ちゃんまた来るからネ」と墓標の頭をポンとたたき、後ろ髪引かれる思いで、涙ながら下山したものでした。

同じことをしながら、繰り返して来た20年。主人は89歳で彼の元へと逝き、没後5年になります。今は長男智広60歳と。でも、私も89歳になり、登山は無理。駐車場で車の中で待っています。一二日の慰霊式には参加して石碑に灯をともし、名前を呼び、手を合わせて。式典では大勢の人々にお祈りしていただき感謝します。今年もまた体に気をつけ、30年に是非と思っています。

30年経った今の増田家もすっかり変わりました。息子の次男が結婚し、ひ孫が二人、二月二五日は二人目が誕生。女の子、とっても可愛いですネ。私も高齢になりましたが、息子夫婦のお世話になりながら家事を少しずつ手伝い、ひまをみて大好きな刺しゅうをしています。毎年一一月初めに展示会があり、出品しております。それを目標にして、過ごしています。

8・12連絡会をお世話してくださっている事務局の皆様、本当に感謝いたしております。

どうぞお体を大事にして、よろしくお願い申し上げます。

良いことがあるたびに、一緒に喜びたかった

花川明子（大阪府）
夫（56歳）を亡くす

貴方が突然私の前からいなくなり三〇年経ちました。

今思うと、あっという間の三〇年で、寂しく悲しい思いを繰り返しました。

二年前に体を悪くして初めて入院しましたが、家族の支えもあり、元気になりました。子どもたち、孫、近所の皆さんの絆が大きな支えとなっています。

あなたが残してくれた心の絆が私を支えてくれています。

ありがとう。

今は大阪で一人暮らし、あなたのお墓と佛壇を守る毎日です。息子は、積水化学に入社

三〇年、昨年から山梨積水の社長として頑張っていますよ。

貴方が人から信頼されていた姿を見て育ったこともあり、人の信頼を重んじた経営に取り組んでいるようです。孫の一人も結婚をしました。

良いことがあるたびに、一緒に喜びたかったのに残念です。

それは、これからも変わらず思うでしょう。これからも見守ってください。安らかに。

空からのバトンリレー

工藤康浩（東京都）
妻（24歳）を亡くす

惨禍の中で短命を散らした前妻の面影が薄れもしない中で知り合い、僕はお前と再婚した。

そのお前にメールばかりでこうして手紙を書くなどということは一度も無かった気がする。

あの日から30年を迎える今、お前と歩いてきたこの25年間という時間を振り返ってみた。


遡れば、結婚が具体化してきてリアリティ感が増した頃、お前はとんでもない行動に出た。

二人で酒を飲んだ夜、渡しておいたその頃僕が住んでいたアパートの部屋の鍵を思いっきり遠くへ放り捨て、真夜中の路上で大の字になってわめき散らした。

辟易として起こそうとしても強烈な力で抵抗し、頭にきた僕は一発殴ってしまった。

惨めだった。殴ってしまった自分が情けなかった。想像を絶する葛藤の中でお前は悩んで悩んで悩んでいたのだろう。その気持ちを分かってはいたつもりだったけど、ボクの運命とは色や形が全く違う自分の運命と闘っていたのだろう。殴った顔は見る見る腫れ上がって、圧迫された目が見えなくなったと言いながらも笑って病院に通っていた姿に、安堵と申し訳なさが入り混じって、ますます惨めな気持ちにつつまれたことを今でも鮮明に覚えている。

本当は相当に痛かったはずだし、女性の顔を殴るなんて最低の行動だったのに、それでも許して一緒になると言ってくれたお前には、今さらながらこの手紙を通して謝罪と感謝の意を表わしたい。

そういえば、二人が結婚をするきっかけも、「暴力事件」だった。二人が出会ってしばらくすると、僕は仕事で1年半ほど東北の地方都市に赴任することとなった。距離が縁を遠ざけるかどうかの試金石だった。赴任して数ヵ月した頃に、赴任地の町で暴行を受けて警察沙汰になったことがあった。8針を縫う怪我をして警察は暴行事件として捜査した。犯人は捕まらなかった。会社の上司は、被害者だろうが容赦なく、僕が油断して軽率な行動を取ったことが原因だときつく糾弾した。お前はと言えば事件を聞いてすぐに東京から駆けつけて来てくれた。来てくれたのは良いのだが、いきなり一言、『東京から来ましたみたいな顔して歩いていたんでしょ?』とこちらも糾弾。慰めてくれるのかと思いきや、包帯でぐるぐる巻いた顔に向かって叱責したのである。言われたことが余りにもグサッと心に突き刺さり、歯に衣着せぬ言い振りに正直、心打たれた。人が弱っているときに寄り添いながらも、悪いものは悪いと言えるお前に感心した。距離が縁を遠ざけるどころか、お前の存在を、そして必要性を一層強く感じるようになった事件だった。そういえば、お前を殴って腫れたときと同じように、僕も殴られた瞼が腫れて目が塞がってしまったのは、お前からのきついお灸だったのか？

もっと前に遡れば……。

出会ってしばらくして、事故のことを知るほどに、もっと事故を直視したいと思ったのか、お前は一緒に尾根に登りたいと言ってきた。事故後5年ほど後のことなのでまだ登山道も長く険しかった頃の話である。お前は登り始めて見返り峠あたりに差し掛かった頃だったと思うが、熊も逃げ出すほどの大声で泣きはじめた。それはそうだと思う。あの聖地は生半可な気持ちの人は排除してしまうほどの空気を持っている。見返り峠あたりから見え始める現場に近づくほどにその空気感を感じ取ってか、緊張感や不安が張り詰めて行ったのだと思う。

それでも奥歯を噛み締めて登っていた姿に、僕はこの人とこれからの人生を一緒に歩みたいと思った瞬間でもあった。

多くの伴侶を亡くした方が感じることと思うが、こんな運命を背負ってしまった人と簡単に再婚してくれる人など滅多なことでは出会わないのだと思う。

一大決心でもあり、両親や兄弟を説得することすら大変なこと。だから僕はお前と出会えて、ましてや一緒になっても良いと決心したその決断に大いに敬意と謝意を表わしたい。同時に、僕との結婚を許したお前の両親の心の広さにも敬意を表わしたい。

そして、もっともっと遡れば……。

垂直尾翼のほとんどを失って御巣鷹の尾根に迷い込む姿をお前は目撃していた。その頃、勉強していた演劇の関係で伊豆半島を訪れていたお前は、不思議なことに524人を乗せた飛行機とコンタクトしていた。その飛行機の左側主翼のほぼ上にあたる座席に座る前妻と僕の知らないところで強いコンタクトを取っていた。

出会ってしばらくして僕が被害家族であることを知ったときは、この事実を言い出しにくかったに違いない。御巣鷹にはじめて登った頃だったかと記憶しているが、垂直尾翼を失った飛行機を目撃したと自分の運命の不思議さに戸惑いながらも告白して来たときは、数奇なその巡り合せを事実として受け止めるのに時間を要した。

僕の母方の祖母は、生まれつき目に障害があって、当時は引退していたが「イタコ」の流れを汲む「口寄せ」だったこともあり、祖母の友人に事故後3回ほど口寄せしてもらったことがある。尾根に墜落後、同じ名前の女性が生存していたことや、事故前にカレーを作って冷凍しておいたことや、何からなにまで本当に本人と見紛うような事実を伝えてくれたその中に、お前とのコンタクトのことも触れていた気がする。口寄せの体に降りてきた前妻は、もう伴侶を見つけてあるということを何度も言っていた。事実、口寄せしたあと暫くしてお前と出逢った。

お前はあの日、迷走する飛行機に乗る前妻からまるでリレー競争のようにバトンを渡されたのかも知れない。そしてそのバトンを落とさないようにしっかり握り締め前を向いて、遠く見えないゴールに向かって走り始めた。もちろん、お前はアンカーだ。絶対に次の選手はお前の前にはいないのだから。

茜色に染まり始めた空から降ってきた見えないバトンを受け取って、お前は今も僕の良き伴侶として一緒に歩いている。この2年の間にお前の両親は次々と鬼籍に入り、僕らに子どもがいないのでこれから少しさみしくなるけど、幸いにもまだ元気にしている僕の両親や、おかしく愉快な兄弟と、その子どもたちと、またその子どもたち、みんなが家族だし、同じ屋根の下には暮らしてはいないけれどみんないつも僕らのことを気にかけていてくれる。

最近は二人で始めたボランティアで多くの人と出会い、人の優しさに触れる機会が増えてきた。同時に、高齢者や障害者、震災被災者などの気持ちに寄り添うことの意味や意義を分かろうとする気持ちが強くなってきた。まだまだボランティア初心者の僕たちだけど、僕はお前と一緒にやることがとても大切だと信じている。二人が同じ場面を見て感じて考える。二人で見ればとことん話し合いもできる。

だから、これからもとにかく一緒に酒を飲み、美味しいものを食べて、そしてときには同じ苦しみや悲しみを感じて一緒に生きて行こう。

御巣鷹の尾根にも毎年登ろう。最近は短く登りやすくなったはずの登山道でも、二人とも重量オーバーで益々苦しくなってきたけど、毎年登ろう。空から降ってきたバトンを持ってこれからも一緒に走って行こう。

（平成27年2月14日）

ときは流れて……30年

泉谷明造（大阪府）
娘（20歳）を亡くす

ときは流れて……30年。

光陰逝水の如し……。あの忌まわしい事故から、この夏はもう30年……その夏をまもなく迎える。

航空史上最大の死者数の内の1人として、我が愛する娘は逝った。人としての尊厳も無き亡骸で、20歳の青春は絶たれた。驚きと戸惑い、そして悲しみ、恨み、悔しさ、そのときから、多くの遺族の方々とも同じ立場で、我が娘、淳子は逝った。そのとき、その瞬間までのあの娘の心情を思い乍ら悲嘆の日々が続いた。

あれから30年…悲しみの中にもときは過ぎ行く、思い出を辿りながら、朝な夕なに娘の面影をなぞりながらも、今は楽しい嬉しい出来事を、そばに居る様に仏前に語りかける。

今一度、もう一度だけ、できることなら触れてみたい…しかし、今は語りかけることで分かりあえている、そう想いながらの、心静かな30年目の夏を迎える今日この頃です。

あのとき、事故翌日から藤岡市内、小学校講堂での待機で始まった…大阪から一緒に運ばれてきた多くの人々…結果も…その時点で早や遺族であったが…。生か、死か……苛立ちと、葛藤の中で、時折に低く嗚咽が聞こえる…室内も暑く、不安感で息苦しい……、つい、外に目をやれば真夏の日差しが目に痛かった。気が付けば、出入り口に、まっ白いエプロン姿の婦人たちが、行き来する人に大きな容器から、濡れタオル、冷たい飲み物を渡していた。強い日差しと白いエプロンが、そのとき、なぜか印象的だった。

思えば、事故後4年目位までは、御巣鷹の尾根での慰霊は、多くのご家族が、あの１２３便の最終地点である「昇魂の碑」前で、且つ、あの夕刻、午後6時56分26秒に合わせ登山者全員で冥福をお祈りしていた。そのとき、美谷島さんが、「皆さん…亡き人の名前を大きな声で呼びましょう〜」と、私には嬉しい言葉を掛けてくださった…私は大空を仰ぎ娘の名を呼んだ、精一杯に大声を二度も…、周囲の人たちもそれぞれに思いの丈を届けられた。

名前を呼べて胸がスーッとして、傍の方に思わず、ほほえみ…また、来年も此の時間にお逢いしましょう……と、約したが、夕刻のあの時間、尾根での慰霊は2回で終わった。やはり下山時は、もう真っ暗であり、ライトも暗く注意しながらも危険であり、無理をしない様に自主的に諦めたが……。

今でも、時折々に生前の、会社の友人や、学友たち、苦しい汗を共に流した剣道仲間や、好きなスポーツでの先輩・同輩たち、輝く20歳の青春を共に謳歌し、活動し、唄い、語り、泣き、そして笑いあった仲間たち、仏前へのお参りのたび、賑やかに亡き淳子を称えてくれる。娘の優しさや明るさ、頑張りやさん等、話に花が咲き、写真の淳子は照れていそうな気がする。

思い起こせば20回忌前後だったか……。その夏も尾根への慰霊登山で我が家族と、娘の中学時代の友人家族と共に、早朝時間に墓標前に立った。その友人も3回目、手慣れた様子で周辺の掃除をし、皆で供花、例年持参の風鈴を吊りお参りを済ませた。いつもどおりに墓標を囲み座り、宿から持参の「おにぎり」で朝食をし、お供えのお菓子などを淳子と一緒に楽しみながら、淳子へ語りかけ生前を偲ぶのが楽しみで習慣になっている。

私はその折、汗をぬぐい乍らほんの少し座をずらし、一枝の葉陰に身を寄せ谷の向こうの尾根を見つめていた、墓標にお参りの後の安心感か……。なにか、ボーッとしていたのか……とそのとき、優しく淳子の声が「パパ、ママ、もう余り無理をしないで……しんどいのに……」と、私の耳元で優しく囁いたように思えた。

いや、確かに聞こえた。「ハッ」と気づき周囲を見渡したが、向側の尾根も静かに緑濃く其のままだった。淳子が今、傍に来てくれていたのか…その後しばらくは、うつろなひとときだった。不思議な、初めての感覚の中で私は頭の中がスーと軽やいで行くのを感じつつ、久しくして望めないはずの淳子の声を耳にしたことが嬉しかった。然し、そのときはその感覚は私の心の奥深くに大切に収めた。尾根でのお参り後、いつもの様に（次はまた、秋には来るね……）と心残して墓標に手を振りつつ下山の途についた。

この年の御巣鷹の尾根での慰霊も終わり安堵しつつの帰途についたが、私は尾根での不思議な感覚を、ずっと反すうしていた。私自身の気持ちを思い返しながら…尾根での感覚…それは、ひとときの夢か…とも。

然し、その中での淳子は、過ぎし20回の年月を顧みて、この先の私たち家族の心身を、優しく心から案じてくれていたのでは……と、そう思えた、いやそうであると…私たちには、そうであった娘である。

今までは、常に淋しさ、悔しさ、悲しさ……が、覆い重なっていた様に思う。確かに少しずつ体力も弱るのを感じるこの頃であり登山を続ける為にも、此れからはもう少しゆっくりと進んで行こうと決めたのがこの年だった。

この頃から私は、過ぎ去りし、この年月にあの子は遠く群馬に居付いた、しかしあの子の魂は、我らと共に常にあり、永遠のもの……。これからも日々、語りあい、今は冥福を祈るばかり……と思うようになった。今の私たちには、淳子、淳ちゃん、じゅん、と呼べば、「ハーイ、なに？」と、私の傍に飛んできてくれるような気分の日々になってきている。

昨年の我が家には、嬉しい出来事も有りました。3年前から東京での会社勤務の孫が、昨年2月に挙式を済ませ、この夏からの登山には同伴でお参りする様です。因みに新婦は淳子によく似た雰囲気をもち合わせていて、息子夫婦・私たちにも嬉しい出会いです。

改めて、目を閉じれば走馬灯が回る……気がつけばそこは藤岡市、見も知らずの多くの人々がそこで出会った。悲しみが、悔しさが、怒りが、すべてが、のしかかる中で出会った。

それぞれの思いを抱きながら、愛する肉親を待った、探し歩いた、人それぞれであろうが、目的は同じ、暑さも忘れ、疲れも忘れ、線香の煙、異臭も耐えて、焦りながら、棺の蓋を開け続ける…必死の中で多くの人が地獄を覗いた。それでもあの日は流れ、いく度も同じ立場の人が集まった、折々に尾根での慰霊、語りあい、慰めあい、支えあい、この夏も流れ行く灯りを見つめて、亡き人を偲びながらの出会いが今に続く、8・12連絡会です。

今年30年目を迎えるにあたって思うこと。あの日から私たちは本当に多くの人々に見守られて来ました。同じ思いの悲しみと、焦燥の中の多くの家族を、優しくいたわっていただいた藤岡の多くの方々、遺族には常に寄り添って協力をいただき、慰霊の原点をいただいた今は亡き「故・黒沢村長」さん、上野村関係者の方々、当初から尾根の管理の「故・中沢さん」、後継の黒沢さん、皆さん、村民の方々、折々にご支援をいただく各団体の多くの皆様方に改めて御礼を申し上げます。また今後とも宜しくお願いいたします。

またまた昨年からも、国内外、世界で、未だ多くの天災、人災事故が続いている、空でも、海も、山でも、自然災害も猛威を振るう。楽しい場所でも嬉しいときにも、突然の愛する人の死、死にたくない人が死にいかねば為らない、そのときの悔しさ、悲しさ、淋しさ、私たちにはよく分かります。衷心より多くの犠牲者の方々のご冥福をお祈りいたします。

尾根の雪つもりし雪よとんでいけ　吾娘の墓標を避けてとびいけ

おすたかレクイエム　～あれから30年～

内野理佐子（神奈川県）
父（54歳）を亡くす

毎年夏になると「事故から〇年」という数字が出てきて、その数字が増えていきます。そして、マスコミの皆さんには、「遺族として、何か心境の変化があるか？」と聞かれます。それは、「ときが経って、気持ちに区切りがついた」というような回答を期待しているようにも思えます。だけど、遺族にとって「家族を失った悲しみ」は変わらないし、家族を奪った事故についてはどう考えても「理不尽なこと」だと今でも思います。とても無念です。もちろん、事故直後に比べれば、感情もコントロールできるようになりましたし、「悲しみ・怒り」を抑えて冷静に話をすることができるようになったかもしれません。そうすることに慣らされてきたからです。時間の経過が色々な変化をもたらすのは確かですが、本質的な「悲しみ・怒り」は今も変わらないのです。

毎日の生活で、ずっと泣いたり怒ったりし続けているわけにはいきませんので、ふだんはその感情をしまいこんでいます。そして、しまいこんだ感情をしばし忘れることもできますし、幸せを感じることもできます。これは自己防衛本能なのかもしれません。人間は、本能的に悪いことを忘れて、良いことばかりを記憶しておこうとする傾向があるのでしょう（そう、一例？ですが、亡くなった父は母から生前「パパのこういう所は欠点だと思うし、嫌なのよね」と言われていたことが結構ありましたが、亡くなってからは、いつのまにかこの上もなく善人でパーフェクトな人間に昇格しています）。

単独の航空機の事故としては史上最悪を言われて、かなりインパクトのあった事故ですが、人間の本能からすると、よほど意識していない限り、知らず知らずのうちに人々の記憶から消去されてしてしまうのではないでしょうか？　それが、私が今一番恐れていることです。だから事故の風化を防ぐために努力しないといけないと思います。今後も現状に甘んじないで「空の安全」を守り続ける努力を怠ってはなりません。犠牲になった人たちの死を無駄にせず、今に生かすために、「30年で一区切り」という言葉で安心せずに歩みを止めないでいたいのです。つらくても事故のことは語り続けなくては……と思います。

事故のことを全く知らない世代が増えてきたこともあり、あえてこれまでの年月を振り返ってみたいと思います。

＊以下は、１９９８年８月11日に記した、かつての私のホームページの文章です。

13年前の暑い夏の日でした。最愛の父が御巣鷹山の尾根で亡くなったのは……。日本航空１２３便、東京羽田発大阪行き、乗員・乗客５２４名を乗せたジャンボ旅客機は機体トラブルのため、１９８５年８月12日午後６時56分に32分間の迷走飛行の末、群馬県上野村の「御巣鷹山の尾根」に追突、炎上したのでした。奇跡的に４名の方が助かったものの、５２０名の尊い人命が失われる史上最大最悪の航空機事故でした。

その日から、母と妹と私の３人は、事故の被災者の遺族となり約２週間の間、藤岡市に設けられた待機所（中学校の体育館）で、呆然とビニールシートの上に座り、父の遺体を待ち続けました。

結局、私たちの元に戻ってきたのは、若干の手荷物と、父のものと思われる歯のブリッジだけでした。そこにあるかないかの、歯の根が父の遺体ということにされました。

気がつくと、秋風が吹き、コスモスの花が咲いていました。そして、１２００余名の会葬者の方に挨拶状を送り終えたのは、その年の12月、私の結婚式の直前でした。

昨年（注：１９９７年）の８月12日には、御巣鷹山に子どもたちを連れて登りました。上の子が０歳のときに登って以来のことです。命日の前後には、特別のバスが出るものの、直通のバスで秩父駅から登山口まで約3時間、昇魂之碑があるところまでは、山道を約50分登らなくてはなりません。子どもたちが自分の足で歩いて登ってくれたときは嬉しかったです。母は足を痛めて、そこからさらに上の父の墓標のところまでは登れませんでした。

今年もできれば御巣鷹山に登りたかったのですが……。子どもたちはあまり行きたくない様子です。無理もありません。顔も知らないおじいちゃんのお墓参りに前の日から泊まって、朝6時からバスに乗せられ、吐きながら登山口まで行き、そこからの慣れない登山です。

今年は、別のところに行くことにしました。飛行機に乗って……。大丈夫。亡くなった父が守ってくれますから。心は、御巣鷹山の尾根に……。パパ、ママは大丈夫。私たちがついていますから。

最後まで読んでくださってありがとう。

この後、私は２００４年から毎年慰霊登山をするようになりました。きっかけは道路の開通で、上野村や御巣鷹の尾根へのアクセスが容易になったことです。１９９７年当時から比べると登山時間は半分ぐらいに短縮されました。そのこと以上に、私を山に向かわせたのは、年々強くなる父への想いと「ある出会い」でした。それまで、他の犠牲者の遺族の方と話す機会がほとんどなかったのですが、父の墓標のところで、３人の娘さんを亡くされたご夫妻に出会ったことで、毎年登山をするようになりました。「娘を亡くした父」と「父を亡くした娘」が年に1回山の上で会います。やはり、遺族同士には心通じるものがあります。亡くなった家族は、親だったり子どもだったり配偶者だったり、それぞれ立場は違うのですが、「愛する家族」という点では同じなのです。

＊以下は、1998年10月6日に記した文章からの抜粋です。

……父を航空機事故で亡くしたときは、まず、事実を認めたくないという気持ちがあり、次に、こんな不幸があっていいものかとただ悲しみにくれるばかりでした。その悲しみを、事故責任の追及などに向けていく遺族の方もいらっしゃいましたが、私たちは、ただ、悲しい思いに浸りながら、自分たちの生活を守ることだけで精いっぱいでした。

戦争とか、阪神淡路大震災などの災害に比べ、また、現在は悲惨な事故が多発していることを考えると、13年前の航空機事故のことなど、どんどん風化して、家族以外の人の記憶からは消えてしまいます。それは仕方のないことです……。

今では冷静に私たちは幸せな方だと思えます。世の中には、不幸な身の上の方、苦しんでいらっしゃる方がたくさんいらっしゃるのですから。航空機事故であっても、普通の交通事故であっても、また病気であったとしても、人の死というものは、その家族にとって、非常に重いもので、どちらがより不幸だということはありません。私も、特に航空機事故で父を失ったからといって、同情を求めているわけではないのです。事故のことを知ってもらって、今の幸せを再認識していただき、また、いつ不幸がふりかかるかもしれないということを考えて、身の回りの安全等に少し気をつけていただけたらと思います。もちろん、気をつけていても回避できないことの方が多いのでしょうけれど……。

事故当時、私たち遺族は、多くの方々に支えられました。墜落現場の上野村のみなさんを始め、警察官、医師、看護師、そしてさまざまなボランティアのみなさんに、この場を借りてお礼を申し上げたいと思います。本当に、ありがとうございました……。

振り返ると、たくさんの方々にお世話になったなぁと思います。事故当時は混乱していたので、今になってこうして生きていられることを思うと、より一層感謝しています。事故のことを伝えていくことが、今私にできる、ささやかな御恩返しではないかと思っています。

＊２０００年８月に書いた詩にはとても反響がありました。

〈天国のパパへ〉

あの夏の日
あなたがいなくなって
あなたの優しさに気がついた
目の前が真っ暗になって
どうやって生きていこうか……と思った

絶望感から　はいあがって
今　こうして生きている
人間は強い生き物ね
あなたの優しい眼差しを思い出して
こうして生きている
がんばる私を　あなたは好きだったから
私は　がんばって生きていく

パパ……
空から　私を見ていてね
おすたかの尾根から　私を見ていてね
いつまでも　あなたに見守られて
私は　生きていく

〜あなたの娘より

詩を読んでくださった広島市立長束小学校の太田先生より連絡があり、6年2組のクラスで「日航ジャンボ機墜落事故から学ぶ」という人権学習の授業をされたという報告がありました。そして授業を受け、私の詩を読んでくださった児童の皆さんの感想文集をいただきました。それは、事故について学び、一生懸命考えて理解しようとしてくれて、さらには私を励ましてくれる、そんな気持ちのこもったものでした。「人間って素晴らしいなぁ。世の中捨てたものじゃないなぁ」と思いました。当時、一人一人にお礼を言えなかったことが悔やまれるので、ここで、改めて言います。

「事故のことを学習してくださってありがとう。人間の命の大切さをわかってくださってありがとう」

最後に、家族を見守ってくれている「天国のパパ」へ

〈忘れない〉

私は忘れない
あの日のことを
私は忘れない
あなたのことを

どんなに涙を流しても
どんなに想いを伝えたくても
あの日には戻れないし
あなたは帰らない

楽しかったこと
好きだったこと

幸せだったこと
すべてあなたのおかげ

だから
あなたのことを想って
あなたとの日々を抱きしめて
笑顔で生きていこうと思う

私は決して忘れない

30年の年月を経て……

白井　潔（東京都）
父（56歳）を亡くす

1　はじめに

あの日航機事故から30年、本当に月日がたつのは早いと思う、当時はまだインターネット、携帯電話も普及してなかった。時代は様々な変化をとげてきたが、30年前のあの事故は何だったのかと考えることがある。事故直後、何かをしなければならない、この事故の教訓を伝えなければ……と考えて事故直後の記録をメモしていた。しかし、何を訴えるために書くのか理由が思いつかず、約30年間そのまま記録は保存されたままであった。まずは、その要約を紹介したい。

2　日航機墜落事故

1985年8月12日、当時、大学の3年生だった私は前日、東京から実家の大阪に帰省していた。午後7時30分頃、突然、ＮＨＫのアナウンサーが臨時ニュースを読み上げた。「午後6時東京発大阪行きの日航機の機影が消えました」

その飛行機に父が搭乗していたのである。翌朝、テレビには絶望的な映像が写っていた。飛行機の残骸である。どこかの山中に墜落したらしい。このとき頭に浮かんだのは、まず生存者はいないであろうということであった。その後、東京経由でバスにて現地に向かった。

現地では、中学の体育館が待機場所となった。新しい情報はなかなか入ってこず、空を飛ぶヘリコプターの音のみが鳴り響いていた。非常に暑い夏の日だった。体育館では、椅子がいくつも並べられ、家族で円を作って座っていた。いつ頃からか、大型のクーラーも設置されていた。

8月14日、遺体の収容数は50名弱になっていた。その日の深夜、父らしい遺体が発見されたという連絡があった。深夜の2時50分頃だった。遺体が安置してある藤岡体育館に向かったが、結局、その遺体は父ではなかった。

8月16日、死者の収容数が１５０名ほどになっていた。この日から遺族による遺体確認作業が始まった。遺体安置所の中は線香の煙がたちこめ、その臭いと異様な臭気が混じり合っていた。そこには、おそらく１００を超える棺桶が整然と並べられていた。父の遺体らしきものは、すべて目で確認したが何の手がかりも得ることができないまま1週間ほどが過ぎ去った。

8月20日、父が事故に遭遇した証拠を初めて目にすることになる。父の鞄が見つかったのだ。初めて事故を実感した瞬間であった。この日までにすでに４００人ほどの身元が特定されていた。8月21日、遺体未確認の遺族に対しヘリコプターによる慰霊飛行が実施された。肉眼で見た現場はテレビでみるより険しく感じられた。全部で４便、40家族80人が慰霊飛行を体験した。

遺体確認と並行して遺品の確認も実施されていたが、そもそも父が保有していたものがわからなかった。遺品置き場には、靴、カバン、服、財布、鍵など、数えきれないほど並べられていた。腕時計は墜落時刻で停止しているもの、ときを刻み続けているものが不規則に並んでいた。その他、ミッキーマウスのぬいぐるみが目立っていた。東京ディズニーランドに遊びに行った帰りの家族が結構多かったからであろう。毎日のように遺体と対面し、手掛かりを探すが何もわからなかった。また、日ごとに遺体は傷みが増し、確認が困難になっていた。身元確認数も０という日も増えてきた。その後、父の歯型等が証拠となって、部分的であったが、遺体は発見された。しかし、父なのかどうかは実感できなかった。

3　30年の月日がたって……

この事故の原因は、以前に当該機が起こしていた、しりもち事故後の修理不備（圧力隔壁の修理）にあったと言われている（正確には、疑問点も残ってはいる）。圧力隔壁が破壊し、連動して垂直尾翼が破壊、そこに集中していた油圧系統（4系統あったが、すべてのパイプが集中していた）がすべて使用不能となり、操縦不能になったと。要するに、この修理ミスがなければ、このような事故は起こり得なかったということになる。幸い、あの事故以降、同じような原因での事故は起こっていないかと思う。それはせめてもの救いであるが、では、あの事故をどう伝えていいのだろうか。５２０名もの死者を出した事故は、様々な人々の人生を変えてしまったはずである。遺族の中には、親を亡くした人、子どもを亡くした人、フィアンセを亡くした人、様々な状況の人たちが存在したので、微妙に感じることは違うはずである。

　私にとっては、父親を亡くしたことで、あの事故はその後の人生に大きく影響したと思う。現地での医療関係者の懸命な姿を見て、医学関連の大学への転学も考えたことがあった。また、災害派遣における自衛隊の活躍もあり、関係省庁でオペレーション分析の仕事にも従事した。

　今は別の仕事に携わっているが、あらためてあの事故は何だったのかを考えることが多くなった。日航機が墜落し、520名という人命が失われたことで相当インパクトが強く、テレビ等でも取り上げられた事故であったが、個人的な視点で見ると、結局は自分の身内や知り合いが突然亡くなったということに尽きてしまう。身近・知り合いを亡くすことは、やはり大きな悲しみを伴い、その後の人生に少なからず影響を与えるものである。

人生の中には多くの出会いや別れがある。引越し、転勤等のような地理的な別れもあるし、身内を失ってしまうような永遠の別れもある。前者は事情により仕方ないことだが、後者のような別れはできれば避けたいものである。

私が今できることは、まずは自分自身の健康に対する自己管理をしっかりすることだと思う。しかし、病気や事故はいつ、誰に襲いかかるかわからない。もし、そうなった場合のリスクも常に考慮しつつも1度だけの人生をできるだけ一生懸命生きることを大切にしていきたいと思う。

記憶をつなぐ

橋本　毅（栃木県）

兄（33歳）同妻（29歳）姪（1歳）を亡くす

1日に何便の旅客機が家の上空を飛んでいくのだろう。航空機のＤＭＥという航法支援レーダーが、住んでいる近くにあり、そのため多くの航空機が上空を飛ぶのだという話を聞いたことがある。雲一つない空に伸びるひこうき雲は美しい。しかし、今もそれを見ると悲しくなる。

昭和60年8月12日、那須塩原駅15時11分発の東北新幹線で東京に向かった兄一家を私と一緒に見送った長女は今年31歳になる。

私は昨年3月に定年退職した。30年間を振り返ると、子育てと仕事の30年であった。

92歳の父と87歳の母は、家から歩いて5分程のところに二人で住んでいる。私は退職後の仕事を断り昨年4月から家にいる。実家に頻繁に顔を出せるようになった。そのなかで父が自分史を書いていたということを母から聞き、本にすることにした。

父の自分史を読んでみると、大正12年に生まれたところから、幼い頃、小学校時代、師範学校時代、徴兵検査、日ソ開戦、捕虜記、復員、復職から教員・教頭・校長時代、大病、退職と、よくここまで覚えていたなというくらい克明に記されていた。

自分史の最後は次の言葉で終わっていた。

「8月12日午後3時11分、那須塩原発の東北新幹線で帰途につく。お盆の帰省ラッシュの最中であった。神戸で開催のユニバーシアード大会の開会式が24日、29日から陸上競技も始まるということで、無理な日程になった。混雑の中の帰阪となった。

羽田発午後6時の日航１２３便に乗ったことを知るのは後刻7時過ぎのことである。テレビに流れるテロップに釘付けになる。毅を伴って、9時11分の上り新幹線最終便の人となる。自由席もがらがらの新幹線。誰もいない指定席に座る。自由席に移動する力がなかった。羽田東急ホテルの事故対策本部に着いたのが11時すぎであった。以来この夏で16年の歳月が流れる。2歳目前の「祥」も高校2年の筈である。新幹線の駅でわかれたあどけない笑顔のままである。

心残りが一つある。墜落の真相を知りたい。事故調のいう『隔壁破壊』説には納得できないでいる。　２００１年　記す」

昭和60年8月12日から先がない。やはりここで終わっていた。

そこで、事故後のことをまとめることにした。10年前に父が「茜雲」や「おすたか」へ投稿したものをまとめたものがあったので、簡単にできるだろうと思っていた。ふと、「おすたかれくいえむ」に父が書いた「私の記録」の続編を作りたくなり、父の日記を読み出した。兄の結婚前後の昭和55年から事故後10年の訴訟が終了した平成7年までの日記をまとめる。始めてはみたが、非常に気の重い仕事であった。フラッシュバックが起こるのである。毎日毎日涙を流しながらの編集であった。涙で日記が読めない、パソコンの画面が見えない。今までこんなに涙を流したことがなかった。

そのとき、ふと「私は兄たちに何をしてきたのだろうか。何もしてあげてこなかったのではないだろうか」と感じたのである。

事故以来、兄たちのことを思わない日は1日としてない。しかし、人と話をしているとき、兄たちの話題になると、話題を変え、兄たちのことを考えるのをやめていた。人に涙を見せたくないからである。今まで本当の意味で泣けなかった。泣いてこなかった。悲しさを伝えてこなかった。兄たちが死んでしまって本当に悲しいという自分の思いに向き合ってこなかった。

父もあの日以来時間が止まっているが、私自身も時間が止まっていたのだ。

家族揃っての慰霊登山は昭和61年の9月22日から始まった。

「さっちゃんの山へ行くよ」の一言で、当初、栃木県大田原市から上野村までの行程は6時間半。東北道佐野藤岡ＩＣから50号で高崎、藤岡、鬼石を通り神流川沿いに上野村へ。父が見つけた近道は、東北道羽生ＩＣから熊谷・寄居・長瀞・秩父・志賀坂トンネルを抜け上野村へ向かう片道約5時間半の行程であった。しかし、帰路は東北自動車道のお盆大渋滞で片道7時間というときもあった。

小学校入学前から子どもたちは長時間のドライブにおとなしくついてきた。

上り1時間程の慰霊登山は、長女も長男も4歳の頃から自分で登るようになった。慰霊登山は悲しい時間であるが、家族が揃うことができる時間でもある。また、誰も口には出さないが、いつの頃からかそれぞれの1年間の報告をする時間にもなった。

この30年間、兄たちは私の家族を支えてくれた。それぞれが苦しいことに立ち向かわなければならなかったとき、兄たちは背中を押し、力をくれたように思う。どれだけ助けてもらってきたことか。

娘があるとき「じいとばあ（私の父と母）が兄たちを亡くした気持ちを思えばなんでも頑張れる」と言ったことがある。そう、夢を失った父は次の目標を持てずに思い出の中で30年間を過ごしてきた。しかし、私たち家族は兄たちから目標に向かい努力していくことの大切さを教えてもらった気がする。

私たちは兄たちから力をもらってきた。しかし、何をしてあげてきたのだろう。そして、これから何をしていけばいいのだろう。

父の自分史をまとめながら、それは次の世代に語り継いでいくことなのだと思うようになった。兄たち3人を失った悲しさを素直に伝えることにより、事故の悲惨さを伝えていくことなのだと思う。未来に向かって歩んでいた兄たちの無念さ、夢を奪われてしまった親の悲しみ。そのことを通し、事故を忘れず、航空会社だけでなくさまざまな分野に、油断をしないための警鐘を鳴らしていくことなのだと思う。

あのような事故が二度と起こらないために。

御巣鷹山事故から30年

武田　屶（兵庫県）
妹（41歳）を亡くす

御巣鷹山事故が発生して、今年で30年。

この123便の事故で、9歳年下の妹を亡くしました。事故原因について未だに十分な解明がなされていません。事故調は貴重な資料を事故後10年経過したからと、廃棄処分しました。御巣鷹山事故では日本政府として墜落現場の捜索、救難の放棄としか考えられない消極的な救助活動。意図的な「墜落現場の誤報」の連続でした。

墜落現場を発見したのは、自衛隊機ではなく、長野県警のヘリコプター「やまびこ」だった。8月13日早朝5時37分、御巣鷹山南南東約2キロ、県境から東方700メートル、長野県側に残骸は無く、全て群馬県側だと報告。墜落地点を最初に発見した米空軍C－130輸送機の航法士が、御巣鷹山墜落事故10年目の夏、1995年8月、救助救難活動に関して米太平洋軍の準機関紙『太平洋星条旗』誌（1995年8月17日付）に手記を書き、マスコミで報道されました。

１９８５年8月12日の御巣鷹山墜落事故直後、ＪＡＬ１２３便墜落事故現場上空に最初に到着した米空軍の輸送機Ｃ－１３０機の航法士だったマイケル・アントヌッチ元空軍大尉は、彼の手記の中で次のように述べています。「私（アントヌッチ氏）がこの１２３便事故の事実を投稿するきっかけになった事件は、１９９５年1月17日『阪神・淡路大震災』、日本政府の人命軽視の対応を見て、話さずにはいられない衝動にかられた。さらに落合さんの説明を読み、もし救助が許可されていたら、もっと多くの人が助かっていただろうと手記にしました」とあります。

妹の席は58G、奇跡的に救助された4名の方々の真中の席でした。5体満足、外傷も見当たりませんでした。朝まで生きていたのではとも思います。救助があと10時間早かったら助かっていたのではと今でも思っております。

遺族の願いとして今あることは、「事故の教訓を生かしてください」ということ。悲劇を2度と繰り返してはならない。「事故の連鎖は続く。無事故の連鎖は切れやすい」と言われます。教訓を生かすことが事故再発防止の第一歩。「小さなミスの連続」が大事故を誘発します。「事故のない、安全を最優先する社会」が真に根付いてほしいと思います。

私の亡くなった妹に対する思い、無念さは30年たっても変わりません。

澄ちゃんへ

武田さち子（山形県）
妹（41歳）を亡くす

朝、目がさめる。

「澄ちゃんは、もう、この世の中にはいないのだ」と涙を流してしまいます。

私も高齢になり、昭和六〇年八月一二日から、何年たったのでしょうか。今の私には想像もできません。

毎朝、澄ちゃんにあたたかいごはんを持って行くのが、何よりのたのしみに。

昭和五九年三月の春休み、子ども二人（長男中学一年、次男小学五年）を連れて、大阪に遊びに行って来ました。はじめて見る「大阪城」。食堂での、おいしいご馳走。幸せいっぱいでした。

今、思えば、何回も何回も電話をくれるので、これが最後の別れになろうとは、夢にも思いませんでした。

平成三年二月発行の「おすたか」に上野村小学校の文集が出ていました。

「命の尊さ」を学ぶための小・中学校の教材にしているとのことで、遺族のひとりとして心温まる思いでいっぱいです。ありがとうございました。

そして、長い間8・12連絡会をささえてくださった皆々様方に深く感謝申しあげます。

登ることこそが祈り

大橋史子（東京都）
親類3人を亡くす

30年前の夏、あの出来事が起こりました。その翌朝から何ヵ月続いたでしょうか。明けやらぬ空を千葉、浦安方面から北西にむかって数えきれないヘリコプターが飛んでいき、夜八時頃になると北の空から多くのヘリコプターが我家のすぐ上を飛んでいきました。

八月一五日頃だったでしょうか、主人の高校時代の友人が「本家の人だと思うけれど住所も名前も同じ人が新聞に出ている」と教えてくださいました。すぐに新聞で三名の名を確認しました。本家の長男Yさんのお嫁さん、小学生の息子さんと娘さんでした。

私は動揺しました。大変なことが起こった。でも私は勝手に行動してはいけないと心を抑えました。本家と道をはさんで向いに建つ分家の長男である主人は、長い年月本家とはあれこれの交流がありお世話にもなり、またいざこざもありました。分家の跡とりである義母からは、この事故についての連絡は来ませんでした。

それから一ヵ月以上経って、主人は本家を訪問し事故のおくやみを申し上げることができました。誰も訪ねてこない暗い部屋で独りうつむいてＹさんは小さな声で話されたそうです。「伊丹空港で待っていたらＪＡＬが到着しなくて、未定と表示された。その内ガードマンらしき人が周りに来て、気がついたら報道の人が周りにいて、それから……」「息子の遺体は見つからず行きの座席チケットが見つかったけど」と私は主人から聞いたそのときの様子は三〇年経ってもはっきり覚えています。

それからＹさんはプッツリ消息がなくなり、主人の実家の前にあった本家は駐車場になっていました。このような悲しいことが起こっても「かわいそうに無念だったろう」等とお嫁さんをいたわる言葉はないだろうと分家の嫁の私には直感でわかりました。

義母とは、亡くなるまでこの事故について話すことはできませんでした。毎年八月一二日の式典のテレビを観ますと「誰かお参りにいってくださっているのかしら」と気にしておりました。

そして一三年前、当の本家の長男Ｙさんが病死しました。年賀状のやりとりはしていましたのでわかりましたが、立ち直ってしばらくのことでした。それから十数年、私も70歳が近くなり慰霊登山をしたいという想いが強くなりました。思いきってＪＡＬ本社に電話したのです。

亡くなった三名の名前を言いましたところ相談室に電話を回してくださいまして、親切に対応してくださいました。事故から27年後のことでした。69歳の夏、秩父駅から二時間もチャーターバスにのって上野村に着き、翌日はまた一時間もバスにのり登山口に着きました。娘夫婦と孫、下の娘、そして私たち六名で登りはじめました。主人は途中でダウンし（昨年は主人も墓標まで登れました）残りの五人で墓標にたどりつくことができました。

長い年月誰も来ていない様子はすぐにわかり、黒い水のたまった虫かごが置いてありました。Ｙさんは病気の身体で必死に登ってきたのだろうと胸がつまりました。

昨年、身体の弱った私は、二本の杖をつき一歩一歩前だけ見て雨の中を登りきることができました。慰霊式典のあとバスに乗って暗い道を秩父にもどるとき、誰もが無口になります。そして「来年も絶対来る」と心に誓います。三人の無念の死、そして悲しみと孤独の中で亡くなったＹさんの想い、そして三〇年間も山を守り続けてくださったたくさんの方たちへの感謝の気持ちで私の心は満たされてしまいます。登ることこそが祈りであると思っております。

しいちゃん逢いたい

木内かつ子（群馬県）
娘（17歳）を亡くす

あの大惨事から三〇年、当時、娘の静子は一七歳でした。

そんな娘も今では四七歳、随分と年月が経ってしまったことを痛感します。

四七歳になった娘の姿を想像してみても、私たちの脳裏に浮かんでくるのは一七歳のままの娘の姿、無邪気な笑顔、可愛らしい仕草だけです。

私たちにとって、幾年の節目などはまったく関係なく、当時の記憶は鮮明です。


青春、これからというときに、清純な蕾のままで逝ってしまった娘。

あのとき、上空よりヘリコプターで花束を投下した際、余りにも蕾ばかりの花束に、「もっと綺麗に咲いているものと替えてください」と、何気なしに言葉が出てしまいました。

せめて、花だけでも、美しく咲いたのを娘に届けたかった。

当時、娘は、チェッカーズの藤井フミヤさん、近藤真彦さん、長江健次さん、一六年前亡くなられた沖田浩之さんの大ファンでした。

その人たちも、今ではもういいおじ様たちですね。

未だに命日には、娘の友人が、生花を送ってくださったり、娘と同い年の親戚の娘さんが仏壇の前で手を合わせていってくれるなど、毎年命日を忘れないでいてくださることに、ただ、ただ、感謝の気持でいっぱいです。

既にあの大事故が風化されつつある今、失われた最愛の人を思いやってあげられるのは肉親しかいません。

忘れてあげるのが一番と言われる人もいるでしょう。

でも、そんなことはできません。

命ある限り、忘れることなんてできないのです。

忘れ去られることが、どれ程、悲しく、寂しく、切ないことなのか……。

遺族だけが分かち合うことのできる、唯一の思いなのです。

親ばかかもしれません。

本当に可愛い娘でした。

あのまま成人していたら、あらゆる面で知識豊かな素敵な女性になっていたでしょう。性格の短所をさがしても、これと言った点が見つからない程です。

難を言えば、人が良すぎたことだったかも知れません。

友人のことを優先させ自分のことを後回しにするなど、人への気遣いがとても繊細で心優しい娘でした。

あの墜落する直前の数分間、どれ程恐い思いをして逝ってしまったのか……。想像するだけでも、胸が張り裂けそうです。

あれ程、髪や容姿に気を使っていた娘が、事故後初めて、私たちに見せた姿は、炭化され、頭部、手、足もない真黒焦げの体でした。

それでもせめて着る物を……と、浴衣を用意して着せてあげました。

最後に今一度脳裏に焼き付いたあの大惨事を振り返り、

「永遠に風化されることのない様に」

と、いつも願っております。

あれから30年過ぎた今

河瀬周治郎（大阪府）
娘（23歳）を亡くす

今年も暑い夏がやってまいりますが、皆様元気で過ごされていることとお察し致します。

昨年はことのほか暑い夏でしたが、私はお山に登ることはできませんでした。２０１１年に登って、その後登っていません。お母さんが病に倒れ、私もその世話で、４年ほど苦しみました。認知症という不治の病に倒れ、長い間闘病生活で苦しみました。しまいには私の顔も判らず寂しい日々を送りました。一人娘に先立たれ、寂しい毎日であったことと思います。それだけでなく世間の人からいろいろ云われ寂しかったことと思います。

久方ぶりのお便りですが、昨年、大事なお母さんは、世話の甲斐もなく平成24年12月の22日大勢の人に惜しまれながらこの世を去り、私一人となりました。そして私も世話の疲れもあったのか、翌年の３月９日に近くの医師に診察してもらったところ、このままでは、後数日の命しかありませんと診断され、急遽入院致しました。病名は胆石で入院したのですが、検査してみると胃からはじまって大腸癌と6箇所にメスがはいり、2日間で20時間にもおよぶ大手術となりました。いかな徳洲会病院とはいえどもこのような大手術はあまりないと言っていました。お腹の手術は1つでもできない人がいる中で、私のような大手術ができる人がほとんどいないと言っていました。お腹の中にはほとんど良い臓器はありません。退院できたのは不思議なくらいです。これも一重に子どもやお母さんが見守ってくれたおかげではないかと思います。

最近は空の事故が多いですが、うちの子どもにかぎっては初めて東京に行き初めて飛行機に乗り、このような事故に巻き込まれました。これも運命のいたずらでしょうか。今から考えると本当に悔しいです。

これからはお山に登ることはとうてい無理なことかもしれませんが、できるだけ訓練を重ね、再度山に登りたいです。お母さんも一生悔やんで亡くなりました。これからも家族の誰かが参ってくれることと思いますが、今後は慰霊の園によろしくお願いしたいと思います。8・12連絡会にはいつもお世話になりますが、今後も宜しくお願いいたします。

昨年もテレビで見ましたが、やはり懐かしいです。事故があった昭和60年当時、私50歳、子どもは23歳でした。さること30年間で、お年を召された人も多いことと思いますが、いつまでも日航の方には慰霊を忘れることなく続けていってほしいと思います。

当時はお母さんと二人でお山に行って子どもに会うのが楽しみでしたが、もう行けないかと思うと寂しいです。だんだん家族が少なくなり、今、私は一人暮らし、せめて皆様と会うのが楽しみでしたが、それもこれからはできなくなりました。

8・12連絡会の皆様にはいつもお世話になりますが、今日はこれくらいで失礼します。いつか再会できるのを楽しみにしています。

皆様と共に30年

嶋田美智子（東京都）
夫（47歳）を亡くす

アラ40でなく、Ｊｕｓｔ40だった私は、今年、古希になった。未亡人として30年を過ごした。まだ続く、淋し過ぎる。

感情的になれない夫とは喧嘩という華々しいことをしたこともなく、魚料理のときは、子どもたちの皿の骨を取るついでに私のも取ってくれていた。

車をぶつけても物を壊しても叱らず「叱って直るならいいけど直らないんだから、それからどうしたら良いかを考えたら良い」と冷静だった。

休日はどれくらい私の名を呼んだかしら。姿が見えないと呼び、子どもに注意したらと呼び、呼んだ、1日30回くらい？　一生分優しくしてやったよと思っているのかも知れない。私も一生分涙を流した。

今年のお正月、2人の息子家族が私の古希を祝ってくれた。ホテルのレストランの窓からは東京タワーとスカイツリーが見えた。みんなの寄せ書き「孫たちの成長を楽しみに長生きしてください」「僕が大きくなったら今度は僕がおばあちゃんにごちそうします」等を目にして、そんな楽しみがあるなら生きたいと思った。幸せ！を強く感じた今年のスタートだった。

昨年の夏、1番目の孫が、父親がこの事故で父を亡くした年令（中学2年）になり「沈まぬ太陽」を読んだと云う。おじいちゃんに似ていると云われている彼は、おじいちゃんが遭った事故をより深く心に感じたことでしょう。毎年、御巣鷹に登っているが、これからは御巣鷹の山を登りながら何を思うのでしょうか。

30年、群馬県の人たちには本当に良くしていただきました。事故当時の混乱のときから今日迄本当に支えていただきました。毎年、灯籠作り、登山用の杖造り、そこに小学生が励ましの言葉を添えてくださり、お花を育ててくださったり、重いアコーディオンを背負って山の上で皆様の希望の曲を奏でてくださったり、カリカリの梅を作ってくださったりと――。ただただ感謝の気持で一杯です。本当にありがとうございます。心より厚く御礼申し上げます。上野村はふるさとになりました。

30年、美谷島様、貴女がいらしたからこの会が続いて来たと存じます。どんなに御苦労をされたことでしょう。この大世帯をよく支えてくださいました。本当にありがとうございました。深謝申し上げます。8・12連絡会がいろいろな事故や災害の被害者の人たちの力になり、国の会議で発言していることを誇りに思います。

皆様、30年よく頑張りましたよね。これからもお体に気をつけて御巣鷹でお会いできますことを楽しみにしております。

お父さんへ

K・I（大阪府）
夫（41歳）を亡くす

そちらでの生活はどうですか。30年という月日がたってしまいましたね。

あのとき、小学生だった息子は今あなたの年令になりました。


30年の間にたくさんの出来事がありました。

いつも、何でも、ご報告しているので、ご存知ですよね。

ひとり暮しで淋しいときもありますが、まだまだこちらで子どもや孫たちの成長を見届けてから、たくさんの土産話を持って、そちらへ行きたいと思います。


毎朝、歩くことを日課にして5年たち、旅行へも元気に参加しています。

これからもやさしく見守っていてください。また、おたよりします。

これから先、正気でたくさん笑える日があるといいな

猪飼宜妙（滋賀県）

夫（37歳）、娘（9歳）息子（7歳）を亡くす

突然荒海に放り出されたあの暑い夏の日からほぼ三〇年。思えば歳をとってしまいました。こんなに長く生きてきたというのに、これまでの自分の人生の中で、いちばん幸せで輝かしかった時代は、やはり結婚して子育てをした一〇年の濃厚な日々でした。

今年六五歳になる私のたったの一〇年ですが、あの素晴らしい日々のおかげで今日までをなんとかしのいで来られたのだと思っています。

まわりの友人や親しい仲間との関わりの中でずっと感じていることがありました。それは他の人と比べて私の喜怒哀楽の感情の度数が低いのではないかということ。

あらゆる事物に対して「さめている」「意欲がわかない」と自覚することがよくありました。多分それは、共感したり、交歓したりする家族のいない、感情的に怠惰な貧しい生活をしているうちに、すべての感性が凍てついてしまった結果。

最近、親しい友人に孫が誕生しました。懐かしい赤ちゃんのぷよぷよ感や何とも言えないやさしいニオイ。満ち足りた神々しいまでの寝顔。ひととき胸いっぱいの幸福感に浸らせてもらいました。甦ったかな？私の豊かな感性。

あの日さえなければ娘も息子も今ごろ三十路終盤。私もせっせとバァバ生活に励んでいたにちがいない。

今年の初めから四国八十八ヶ所お遍路巡りを始めました。これから先、健康寿命の年数はわかりませんが、正気でたくさん笑える日があるといいなと思っています。

五月末にお山へ行きます。

報道について

森下玲子（東京都）
母（50歳）を亡くす

また夏が来る。
夏が来るのは当たり前のことなのに小さな溜息が出る。
「30年」という２０１５年。
節目など人それぞれ、されど30年。
遺族にならなければ接することなどなかったであろう報道について書こうと思う。

去年私は50歳という母の亡くなった年齢についにたどり着いてしまった。
母を失った22歳のころから意識していた年齢だった。
つまり私の中の節目は去年だった。
去年の夏は勇気を出してＮＨＫの取材にも応じた。
風化させない使命の一貫として受けた。

丸二日の取材と慰霊登山の撮影を終え、編集に編集を重ねたのだろう。

朝7時台の「おはよう日本」の中の約4分の番組となった。

このような経験は初めてだった。

テレビということもあり迷ったが、私の中の節目を感じて受けた。

私も本当に伝えたいことを存分には語ることはできていない。

それを編集するわけで果たして真意はどれほど伝わったのだろうか……。

それでも我が家にとっては良い思い出となっている。

供養のつもりでもあった。母の友人たちは連絡しあってテレビの前で集合したらしい。

小さな同窓会だったのではないだろうか。

思いがけず見た友へも元気な姿を伝えられた。

テレビ・新聞の力はやはり大きい。

報道は「風化させたくない」ために活用するには必要不可欠だ。

30年間、毎年命日に取り上げ追い続けてくれるのもマスコミの力だと思う。

だからこそ伝えたい。

「この事故を忘れないで」に込められた思いとは……。

些細なミスで私たちのように人生を大きく変えられてしまう人を増やしたくない。

誰でもその被害者、そして加害者になり得るのだということ。

誰でも人生を大きく変えられてしまうということを。

そしてそこから歩き出すのに莫大なエネルギーと年月が必要だということ。


この8・12の毎年の夏の報道を見ることで命を運ぶ業務に携わる人、ハンドルや操縦桿を握る人だけでなくその経営者、管理者、整備関係者、はたまた自家用車を運転する人……。年に一度初心に帰る日となってくれたらと思う。

一つでも事故が未然に防げるのであれば……。

あってはならない事故の代表として報道をうまく活用できたら8・12という日も使命を果たせるのではないだろうか。


同時に伝えたい。

報道によって遺族は苦しめられ、生傷に塩を塗られるような思いをしていることを、ぜひ自覚してほしいと、取材を受ける側の立場から申し上げたい。

ときに人を激しく怒らせることもある。落ち込ませることもある。

私も過去にやっと立ち直りかけた頃にマスコミの無神経なたった一言でまた振出しに戻ったこともあった。やっと乾いたかさぶたをはがされるような思いもあった。

勿論悪気はないのだろう、無神経なだけなのだろう。

同じ土俵に立てるわけはない。わかれ……と言うほうが無理なのだろう。

でも取材をする人はわかっていてほしい。

思ってもみない一言が遺族にとっては辛いことがある。

心の奥に鍵をかけてしまってある箱を開けさせる行為をするのだと、わかっていてほしい。

開けたあとまた上手に閉めることができる人ばかりではないのだ。


節目だって人によって様々で定義などない。

今年は「30年」と言われるだろうが遺族には関係ない数字だと思う。

8月11日の上野村で行われる灯篭流しには多くの若い記者が来る。

30年前の事故のときに生まれていない人が報道人となっている。

どうか人の心の中に入らせてもらっているという自覚をもってマイクをむけてもらいたい。

報道の価値を高めるためにも上手く共存していくように、取材側も努力していくことも大切な課題だと思う。

そして夏が来て感じることを追加させていただきます。

30年ご尽力いただいた８・12連絡会がある。

去年に続き今年も遺族で集まろうとＪＡＬの安全啓発センターで「思いを語り合う会」が行われた。

私は28年間、８・12連絡会の活動に参加できなかった。30年という月日はやっと活力を戻してくれたのかもしれない。若いときに母を亡くした私が初めから寄り添えていたらどれだけ生き易かったであろうと今更だが思う。遺族同士の顔見知りも増えてきた。

展示室では若い社員の事故を説明する話を遺族が聞く。

「いつもの通りのやり方でやらせていただきます」と、堂々と真摯に心のこもった案内だった。

聞けば日航も９割が事故後に生まれた世代となったらしい。

加害者であるＪＡＬと共に机を囲み思いを話す。

加害者・被害者双方の共通の希望である「空の安全」をサポートする文化が生まれてきていると感じた。

何がきっかけとなるかわからない。

些細な一言が重大なミスを阻止できることもあるかもしれない。

そう思うとやはりそれを上手に伝えていくことができるのもこうした報道の役割であるとまとめたい。

ここで知り合った遺族同士の会話

「子育ての25年は本当にあっという間に過ぎた。長かった最初の5年と同じ時間とは思えないね……」と。

こんなお喋りができたのは初めてのことだった。

今年もまた夏が来る。

穏やかな夏であってほしいと静かに祈る。

20歳のあの日

角田博旦（元力士・琴旭基）（東京都）

交際中の彼女（20歳）を亡くす

またすぐに会えるはずだった
「じゃあね」と言って別れたその夜
テレビのニュースに出たカタカナの君の名前
間違いであってくれ
新幹線に乗ると言っていたのに飛行機に変えたのか
君の家に何度電話しても誰も出ない
パパとママも一緒に事故にあってしまったんだね
どうか生きていてほしい
やはりだめなのか
こみ上げる悲しさ

何をしていても涙がこぼれる
どうにもならない苦しさに押しつぶされそうな日々

紺色のワンピースと白いベルトの切れ端を見せられて
君はもう本当にいないんだと悟った
君の日記には僕のことがいっぱい書いてあった
アルバムには2人で撮った写真が何枚も貼ってあった
こんなにも思ってくれてたのに
もう二度と会えないなんて

30年の時が過ぎて僕は50歳になった
今年も御巣鷹の尾根に登ってお墓参りするよ
きっと空の上から見てくれるね
病気で命を無くしそうになった時も
君が守ってくれたと信じてる
右手右足が不自由になっても

言葉がうまく話せなくても
君の分まで一生懸命に生きたい
人は死んでしまっても
その思いは消えるはずがない
僕の心にいつまでも残る
20歳の君の思い

あれから30年

河口真理子（東京都）
父（52歳）を亡くす

あれから30年。
父が28歳の時生まれた私は、去年父の歳を超えた。
30年前、父の周りの大人たちは「早すぎる」と嘆いた。
大学生だった私には、52歳なんて気が遠くなるほど先の話だった。
「早すぎる」、の意味も当然分からなかった。
今になって、「早すぎる」の意味がやっと分かった。
今の私にはまだやりたいこと、やらないといけない事がたくさん残っている。

あれから30年。
息子が9歳になった時、美谷島さんの苦しみが我が事としてやっと理解できた。

息子は一人で電車に乗って旅することができたので、親としてありがたかった。

でも、ある日彼をホームで送り出したとき。

もしこのまま帰ってこなかったらどうしよう?と思った。

そして、ケンちゃんはこうやって出かけたんだ。美谷島さんの悲しみ慟哭が心臓を襲いかかった。初めて子どもを失う親の気持ちがわかった。

あの30年前の悲劇を遺族として共有しながらも、遺族の立場、悲しみは一人ひとり全然違っている。当たり前のことだけど。改めてそれぞれの悲しみを想った。


あれから30年。

事故原因をさんざん究明してみた。不起訴に対して検察審査会に不服申し立てもした。国土交通省に働きかけて、事故原因のより詳細な説明文書を新たに作成してもらった。海外でもこの事故に関心を持ち今でも調査をしている研究者とも知り合った。そして、この事故は世界からは、航空機のタイタニック号事件と同じように関係者の間では注目されているということも知った。

あれから30年。

何回マスコミから取材をうけただろう。最近の若い記者はもう事故を知らない。御巣鷹の資料を読んでいて取材にくる。彼ら曰く、当時の新聞には個人情報がたくさん出てるのでびっくりしたと。また、当時は上野村でマスコミが電話回線を取り合っていたとか、大変だったんですね。と。

そして、この30年で時代は大きく変わった。

鉄道事故、飛行機事故、高速バスの事故、トンネル事故、地震、津波、洪水、山崩れ。海外の戦争やテロ。９・11、そして３・11。

あの事故の後も、世の中には悲惨な事故は無くならない。でも、最近では大事故の遺族は、顔が映ることもなく、マスコミに私たちのように追い回されることもなくなった。毎日のように起きる悲惨な事故の報道を見るたびに、いきなり遺族となってしまった人たちの衝撃と悲しみを重ね合わせる自分がいる。

そして、当時考えもしなかった携帯電話。９・11の際も愛する人への最後のメッセージがたくさん残されていた。あの時携帯があったら、１２３便の乗客は何をしただろう？

父はやはり、手帳にメッセージを残しただろうか。

あれから30年。

まだ当時は、飛行機は高い乗り物だった。でも、今や電車並みの身近な乗りものになった。世界中で毎日どれだけの飛行機が飛んでいるんだろう。あの日、皆を御巣鷹に連れて行ってしまった１２３便が飛び立った羽田空港の離発着数は、年間44万回にのぼる。そのうちの１本が消えるだけで、悲劇が起きる。

いまだに１２３便は単独機では世界最大の事故だ。それはある意味幸運なことかもしれない。こんなに世界中に飛行機が飛び交っているのに。貴い多くの犠牲から学び、私たちは賢くなっているのかもしれない。ひょっとして、彼らが事故を減らすためあの世でがんばってくれているのかもしれない。私たち遺族の思いや努力が確実に伝わっているのかもしれない。

あれから30年。

事故を題材にしたドラマや、ドキュメンタリー番組もたくさん見た。そして、上野村の消防団の救援活動など、当時の私たちが知らないところで、尽力いただいた多くの関係者がいたことを改めて知った。本当にありがたいことだった。あの事故は遺族だけのモノじゃかなった。すごく多くの人があの事故にかかわっていたことか。

そして、自分の体験として事故を語る、事故を知らない子どもや孫にあたる若者たちが、

8月12日の御巣鷹の報道で増えてきた。

時間は流れているけれど、事故の経験と教訓は確実にリレーされていく。

そこには、亡くなった人たちだけでなく、あの事故後を生きてきた人たちの人生が幾重にも折り重なっている。みんな、がんばってきたんだね。

久しぶりに参加した遺族の会で、食卓を囲む笑顔をみていて、そう声に出したくなった。こんな笑顔を、先に逝った人たちは喜んでくれているのかなあ。

合掌

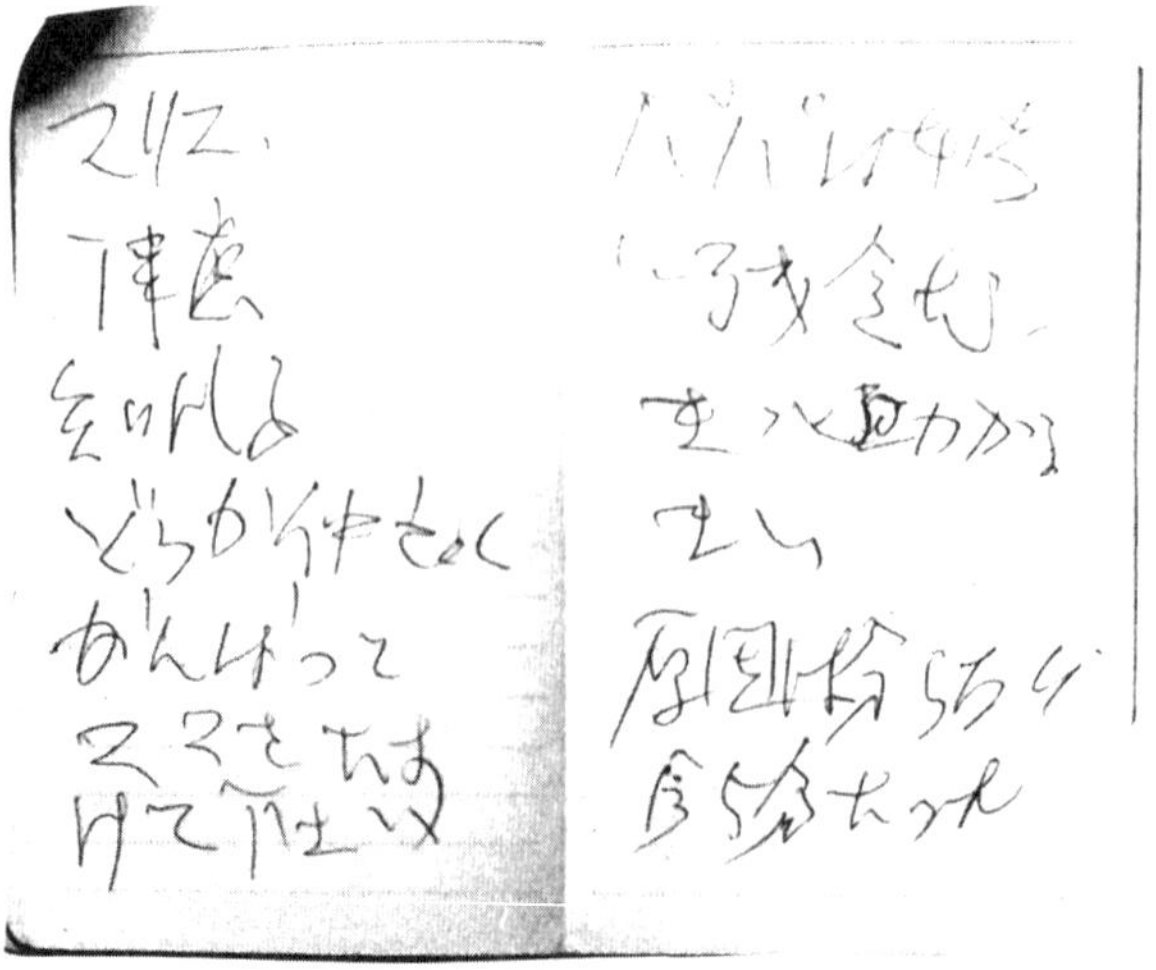
マリコ
津慶
知代子
どうか仲よく
がんばって
ママをたすけて
下さい

パパは本当に
残念だ
きっと助かるま
い
原因は分らない
今5分たった

遺書——河口真理子さん（遺族）提供

祖父に伝えたいこと

河口亜慧（東京都）
祖父（52歳）を亡くす

30年前に祖父はＪａｐａｎ Ａｉｒ １２３の事故で亡くなった。

しかし、ＪＡＬに対する恨みは全くないし、最後まで力の限り尽くしてくれたパイロット、航空機関士の三人には尊敬の念を感じている。

遺族の中には、苦しい思いをして結果死ぬのであったら、そのまま落としてくれたという人もいたが、とんでもない。

０・１パーセントでも生き残る確率があるならそれを実行するのがパイロットだ。飛行機は空港係員、グランドハンドリングスタッフ、整備士、運行管理者、航空管制官などにバトンを引き継がれながら運行する。

しかし、乗客にとって最も重要なのはパイロットだ。パイロットはフライトの責任者であり、最後の砦であるからだ。グランドハンドリングスタッフがどんなに頑張っても、どんなに航空管制官が熱意を込めて管制をしても、最終的なモノを持っているのはパイロットだ。腕一本で乗客の運命が変わる。

だからその最後の砦に自分はなる。まだ覚える知識は大量にあるけど、乗客を笑顔で安全快適に、この航空会社を選んで良かったと思ってもらえるようなパイロットにどんなことがあってもなってみせる。これは自分の人生を賭けた挑戦だ。

だから、天国で自分のことを見守っていてください。

30年目によせて

田川康子（神奈川県）
夫（41歳）を亡くす

私には心の中にずっと封印していた1本のテープがあります。

「1985年8月24日　ご葬儀」と表題のついたビデオテープ。

あのときに戻るのが怖くて、正確にはあのときに戻ったら立ち直るのに時間がかかるのを知っているから、ずっと見られずにおりました。

今年（2015年）の1月、私は久し振りに8・12連絡会の集まりに出ました。悲しみ苦しみを共にした仲間たちは懐かしくいとおしい。そしてこの人たちからまた勇気をいただき、背中を押されました。

翌日、私は仏壇の奥に大切にしまっておいたテープを取り出しました。

地デジになって初めて使うビデオデッキは動きました。30年前のテープも回りました。まるで「この日を待っていた」様に感じられました。

ナレーションもなくＢＧＭもない白黒のビデオが静かに流れはじめます。

たくさんのお花に囲まれた遺影が現れ、30代で喪主の席に座らせられた私と傍らに２人の子ども。

終始泣きじゃくっている娘は５日前が13歳の誕生日、歯を食いしばっている10歳の息子はあまりに幼い。

涙はとめどなく流れましたが、最後まで見ることができました。30年間胸の奥につかえていたものが静かに溶けていきました。

見終わったときに「ありがとうございました」という言葉が口から自然に出てきました。今までお世話になった全ての皆様に心から感謝申し上げます。

私は悲しみ苦しみを乗り越えようとしたのではなく、少しずつ受け入れながら生きてきたのだと思います。「死にたい」と思って過ごした日々も今は「死にたくない！　生きていたい！」と願った５２０人の人たちに対して、あまりにも身勝手で申し訳ない言葉だったと思えます。

お寺の住職さんに「立派な法要を営むよりも故人を想い出してあげることがいちばんの供養ですよ」と教えられました。朝の「おはよう」から１日が、月命日のお墓参りで１ヵ月が、御巣鷹山への慰霊登山で１年がはじまります。いつも夫と一緒、共に生きてきました。これからも同じ日々が続くでしょう。

最後に、８・12連絡会事務局長の美谷島さんはじめ会を支える多くの方々、30年間継続してくださりありがとうございます。

「心のケア」等という言葉さえ無かった時代、悲しみ苦しみを共有する私たちの再出発の原点となりました。今も心の拠りどころです。社会にも多くの提言をし、改善がされました。それらすべては５２０人の死を無駄にすることなく生かし続けてくれている事であり、心より御礼申し上げます。

遺物の役割

小川領一（鹿児島県）
父（42歳）、母（43歳）、妹（9歳）を亡くす

地方都市に引っ越してから、遠距離の移動は飛行機を使うことが多くなりました。その日は、久しぶりの大阪出張でした。伊丹空港に着陸した飛行機は駐機場に止まり、私は荷物をまとめて飛行機から降りました。ボーディングブリッジを渡り、搭乗用の改札口が見えたあたりでなんとなく心に引っかかるものがありました。私が到着したのは、14番搭乗口でした。この14番搭乗口のあるあたりは、手荷物検査場から一段低いところにあるので、その間は、なだらかなスロープでつながれています。そのスロープが目に入ったのです。そのスロープを見て「まだそのままなんだ」と、私は思わずため息をつきました。

１９８５年８月12日、私は、このスロープを横に見ながら、窓にもたれかかって一夜を過ごしました。親せきの車に乗せてもらい、伊丹空港にたどり着いたのは、日が変わるころでした。東京への臨時便が出るとのことで、生まれて初めての搭乗券を手にし、この搭乗口に

入ってきました。14番搭乗口付近はすでに多くの人がいました。蛍光灯はともっていましたが、非常に暗かった印象があります。それまでいた出発ロビーは、テレビカメラの強烈な照明で非常に明るかったのですが、関係者が通されたこの14番搭乗口付近は、マスコミはおらず、そのような照明がなかったため、そう感じたのだと思います。この場は、ある種独特の緊張感と失望感が交錯しており、異様な雰囲気でした。すすりなく声が聞こえたかと思えば、誰に向かってか罵声をあげる人、突然泣き崩れる人、当時、私は16歳でしたが、見たこともない光景に、ただただあっけにとられるのと同時に、私が彼らと同じ立場にいることに改めて気づかされました。

伊丹空港の14番搭乗口のスロープ付近は、私にとって、このような光景が鮮烈に蘇ってくる場所です。一度この光景が思い出されると、次々と芋づる式に、あのときはどうだった、こんな感じだったと、ある種の感覚を伴って蘇ってきます。それで思わずため息が出てしまうのです。実を言うと、事故以降、この14番搭乗口は何度も通っています。大学受験で東京に行くときも、帰省のときもここを通った記憶があります。無意識のうちに通過していたかもしれません。何度も通過していると「慣れ」ができてそういう感覚が薄れていたのかもしれません。それがそのまま消えれば良いのですが、時間が経過すると、その「慣れ」自体が消えてしまい、再び、あの当時の事を思い出すことも、今回、分かりました。

2年前、東京へ出張した際、少し時間ができたため、初めて安全啓発センターを訪問しました。安全啓発センターができたのは、２００６年でした。どのようにあの事故を扱っているのだろうか、以前から気にはなっていましたが、東京を離れたという事もあり、なかなか足が向きませんでした。私が訪れた当時は、現在の場所ではなく、モノレールの整備場駅近くのビルの一角にありました。安全啓発センターの入口を抜けると、垂直尾翼の残骸が突然現れます。壁には、事故調査報告書に沿った流れで、事故機の飛行経路や事故に至った経緯など、理路整然とパネルで示されていました。また、事故機のめくれ上がった後部圧力隔壁やフレームが折れ曲がった座席など、展示物は生々しく、それが見る人に臨場感と緊張感を与えています。ただ、不思議だったのは、私が伊丹空港の14番ゲートで抱いた感覚とは違い、機体の残骸を見て、悲しくなるとか、心が動揺するといった感覚が無かったように思います。それよりも、見る人の気付きに重きを置いた展示方法に、最近の博物館や科学館と同じだなぁ、と感嘆しました。

昨今、東日本大震災の被災した構造物をどのように取り扱っていくのか、議論が行われています。見るだけで辛くなる被災建物を早く撤去してほしいという被災者もいれば、津波の脅威や教訓を後世に伝えるためには震災遺構として残すべきであるという声もあります。鉄道事故でも同様の議論が行われています。様々な意見をまとめ、今後、どの様にするか決めていくことは、時間のかかる大変な作業になります。

あるものを見て、それをどのように捉えるは、人によって大きく異なります。私にとって、伊丹空港の14番搭乗口はエネルギーを削がれる場ですが、事故の関係者の中で私と同じ感覚を持つ人がどれだけいるのか分かりません。それよりも、事故機の残骸そのものが、あのときの感覚を思い出すきっかけとなる人もいると思います。事故に何らかの形でかかわった人たちにとって、あのつらい感覚が、何をきっかけに再現されるかは、人それぞれであり、それを避けようとするのは、至って自然なことだと思います。そう考えると、機体の残骸を展示することは、遺族だけでなく、日本航空の社内からも賛否両論、様々な意見があったでしょう。そのような数々の想いや意見を調整し、安全啓発センターは誕生することになりました。その中心的な役割を果たしたのが、8・12連絡会と日本航空の安全アドバイザリーグループの方々でした。

8・12連絡会は、あの混乱の中、事故から4ヵ月後、遺族間の相互扶助と事故原因の究明を目的に活動が始まりました。機体をどのように扱うかについては、１９９１年から議論が開始されていて、１９９５年には遺族に対し、残存機体と遺品に関するアンケートを実施しました。その後、遺族の感情を考慮しながら、事故から20年目の２００５年8月12日、「残存機体保存展示要望書」を日本航空に提出しました。一方、日本航空は、２００４年末以降、様々な安全上のトラブル事例が発生し、２００５年3月には国土交通省から「航空輸送の安全確保に関する事業改善命令」を受けました。日本航空は安全体制の再構築の必要性を認識し、社員に対する安全意識の再徹底をひとつの重要な対策として位置づけました。そして日本航空は、２００５年8月、外部の有識者で構成された安全アドバイザリーグループを設置しました。安全アドバイザリーグループは、８・12連絡会が出した要望書に対し、遺族にヒアリング調査を行いました。そして安全アドバイザリーグループが２００５年12月に取りまとめた提言書で、安全確保のための教科書的な位置づけとして機体の残骸を保存展示することを提言し、事故から21年目の２００６年4月、安全啓発センターが開設されました。

　このような経緯を経て、遺族と日本航空が「安全への啓発」という目的を共有し、日本航空の経営問題も乗り越え、安全啓発センターは、その役割を現在でも拡大しながら果たそうとしています。そのことを、安全アドバイザリーグループは２００９年に作成された新提言書「守れ、安全の砦」の中で、「ご遺族と会社とが、ともに安全を考えていくという新たな試みに発展していく可能性を示すものとして、大いに評価したい」としています。

　なぜ遺族にとってそれが可能になったのでしょうか。それは、機体を保全するという活動において、「慰霊」と「事故の再発防止」の概念を明確に区別したことがひとつにあると思います。遺族にとって、慰霊のための心の拠り所は、御巣鷹の尾根であり、その麓にある慰霊の園です。毎年、ゴールデンウイークが始まる前には、慰霊登山が開始されます。命日には慰霊の園で慰霊式が行われ、当時を思い起こしながら、亡き人たちに思いを寄せます。日本航空も積極的に「慰霊」のための活動を支援しています。昨年、慰霊の園を訪問した遺族は、１２６家族４１３人（記帳からの数値、日本航空調べ）でした。一方、安全啓発センターに訪れた遺族は13家族19人（日本航空調べ）です。この数字から、機体そのものが、慰霊の対象になっていないことが分かるのではないでしょうか。この安全啓発センターには、慰霊という概念は存在しません。あくまでもこの施設は、事故を再び起こさないためにはどうするか、という事を学ぶことを目的としています。祭壇がないのもそのためです。

安全啓発センターへの訪問者数は開設以降、16万人（日本航空調べ：２０１５年2月末時点）を越えました。そのうち半数以上は日本航空の関係者ですが、一般にも公開されています。一般の見学者は、昨今設立されたＬＣＣといった航空関係者や鉄道やバス等の運輸関連事業者のみならず、医療、法曹といった幅広い分野にまで及び、安全に対する「学びの場」となっています。

安全啓発センターには、先ほども書いたように理路整然と説明が行われ、それに見合った展示物が並べられています。迫力もあり、また、大変分かりやすい展示となっています。しかしながら、事故から時間が経過するにつれて、これらの展示物は、事故の因果関係を示す無機質なものになっていきます。そこに遺族が関わる意義があります。遺族の想いを入れることで、事故が招いた人々の感情を「展示」し、見る人の心に響かせ、安全の重要さを心で理解することが可能になるのだろうと思います。

　事故から30年という月日が経とうとしています。事故を風化させない、ということはどういうことでしょうか。事故の被害者は、多大な苦痛を負います。その気持ちを忘れないという事だけでなく、将来的にこのような想いをする人たちをなくすこと、それが、事故を風化させないという事だと思います。現在も8・12連絡会は、航空機事故の再発防止をひとつの目的に、活動を行っています。また、日本航空も、あの経験に真摯に向き合い、再発防止に取り組もうとしています。専門家のサポートを得ながら二者が同じ方向を向いたからこそ、展示されている後部圧力隔壁や遺品といったすべての遺物が、意味のある存在になっているのだと考えます。

　今年は久しぶりに御巣鷹に登ってみようかな、これを書きながら、そう思っています。

安全の鐘を鳴らし続けて

美谷島邦子（東京都）
息子（9歳）を亡くす

戦後まもなくの東京はまだまだ食料不足でしたが、周囲には豊かな自然が残っていました。私の生まれた年には日本国憲法が施行され、ベビーブーム時代到来。白黒テレビの実験放送や、学校給食が始まりました。数年後には日本は高度成長になり、大量生産・大量消費で生活は日々変化しました。新幹線の開通も東京オリンピックも目の前で見ました。経済規模はアメリカに次ぐ世界第2位。その中で自然や環境への配慮を欠いた様々な公害が引き起こされ、私の大好きな水辺は汚染され続けました。

一方で、自由に論議できる時代に生まれたことの幸せも感じてきました。自分とは異なる考えを聴くことも平和や安全につながると信じてきました。

東名高速道路が開通した年に家族ができ、子育てをしました。学生時代には食物学を学んだので、伝統食や行事食などが作られなくなりインスタント食品が食卓に増えていくことに不安を感じていました。そのためか、安全な食べ物を求め、なるべく手作りをし、家族で食卓を囲み、食べた人に「おいしいよ」と言ってもらえる小さな幸せがモノのあふれる中で一番大切にしていたことでした。

　１９８５年、御巣鷹山墜落事故で二男が亡くなりました。時代は昭和から平成へと移り阪神大震災、東日本大震災という大災害や、公共交通機関の事故、エレベーター事故など生活空間での事故が次々に起きました。

　30年前、８・12連絡会が発足したときに集まった遺族の人たちと心から共有したことは、お金では換算されない「いのち」のことでした。

「30年を振り返り、子育てをしたあの頃、亡き子が生きていた30年前が一番輝いていたと思います」。これは御巣鷹山墜落事故でご主人と小さなお二人のお子さんを亡くされたご遺族が30年目のこの『茜雲』に寄せた言葉です。私の想像を超える悲しみの中を歩いてきただろう彼女。８・12連絡会で、石山寺に５２０本の桜を見に旅したときの、明るく、でも少し寂しげな美しい横顔が今も心に刻まれています。

　そして、私も子育てをしていたあの頃、亡き子が生きていた30年前は輝いていたと思います。事故直後から８・12連絡会に携わり、保護司や地域活動、精神障がい者支援施設の運営して過ごしてきた30年は、あの輝いていた亡き子の笑顔と一緒に過ごした日があったからだと思います。

あの辛い日から逃げないで歩いてこられたのは、もっともっと生きたかった子に代わって自分は何ができるだろうかと問いかけ、亡き子の笑顔を探し続けてきたからだと思います。「迷子になったわが子を探さなければ」と事故直後から御巣鷹山に登りました。でも、いつしか迷子になったのは私なのではと思うようになりました。御巣鷹山に行くと「僕はここにいるよ」「ママと一緒だよ」と亡き子の声が聞こえるようになりました。

事故から9ヵ月目に書いた詩があります。

白い鯉のぼり

事故から9か月たった　こどもの日
私は　御巣鷹山に　向かっていた
普段は　村人も足を踏み入れない　険しい山中
夏の日の残照を　そのままに　土は　焼け爛れていた
一本の短い竹の先に結んだ　白い鯉のぼりを
亡き子の墓標前においた

白い鯉のぼりには　「お空の健ちゃん安らかに」と書いた
どこからか　蝶が　飛んできて　白い鯉のぼりに止まった
白い鯉のぼりは　小さく揺れ
白い鯉のぼりに　かすかに色がついていた
「みえなくても　いるんだね　ここに　みえないだけだね」
白い鯉のぼりに　私は　そう　語りかけていた

これは、御巣鷹山での不思議な出来事を詩にしました。そのころの私の眼には周りの色が映らない日が続いていました。でもこの日、そのとき、健ちゃんのいるところとつながっていると思えました。その日から健ちゃんは私と一緒にいると思います。そして、健は9歳という約束で私のところに来てくれたと思うことにしました。あれから30年、私は改めて思います。健が生きられなかった時間をこうして今、自分は生きているのだと。「いのち」の価値は長さではなく一日一日を大切に積み重ねることではかるのだと健が教えてくれたのだと。

御巣鷹山には亡き肉親を思い、多くの石仏が置かれています。

健の小さなお地蔵さんの足元には、ドラえもんの本、野球カード、こいのぼり、ミニカーなどで、いつもにぎやかです。30年目の今年の開山にも野球帽と電車を墓標に供えてきました。あの日から季節は何度も巡り25年前に植えた30センチだった墓標前の樅の木は空に向かって８ｍの高さになりました。

そして、事故後に植えられた昇魂の碑の横にある桜の木が今年は満開でした。事故から毎年開山には登っていますが、このように美しい桜は初めてでした。５２０の御霊からの贈り物だと思いました。桜を見上げながら、事故後しばらくの間は桜の花びらがただただ灰色にしか見えなかったことを思い返しました。

私たちは、事故後、失われた日常がいかに大切なものであるかを経験しました。戦後70年、事故から30年、平和とは安全とはを考え続けてきました。戦争や事故や災害は「日常」を破壊します。子育てをしていたあの30年前の日々。「ママが作ったマドレーヌがどんなケーキ屋さんのよりおいしい」と言ってくれた健。私は「日常の大切さを守りたい。」そう願ってきました。未来を生きる子どもたちのために「安全な社会」を残したいと強く思っています。

９歳の健は電車が大好きでした。駅で時刻表を眺めると時間を忘れるような子で、私は夕方になると近くの駅まで健を迎えに行ったことが何度もありました。乗り物は人と人をつなぎ、街と街をつなぎ、希望や夢を運ぶもの。利便性や快適性、運賃よりも何よりも安全を優先に。それは命を運ぶからです。安全は命を守ること。それが最大の使命です。そして安全には終わりがありません。

「さよなら」もないまま、健は茜空にいってしまいました。以来、私は空を見上げるのは苦手でした。でも、今私は「子どもたちの夢に翼をつけて21世紀の大空高くロケットも飛行機も飛んでほしい」と願っています。亡き人を思う悲しみや苦しみ。それがかき消せない炎のようにあるから亡き人と共に生きていける……とそう思っています。

御巣鷹山は亡き人に会いに登る遺族だけでなく公共輸送機関に携わる人々やさまざまな事故で肉親を亡くされた方々も共に登って、山頂で「安全の鐘」を鳴らします。御巣鷹山は一歩一歩踏みしめられ、市民が安全を願う聖地になりました。御巣鷹山に行くと、そうした目に見えないものがたくさんあります。

たとえば家族の絆、地域の方々の人情や助け合い。それはＩＴや経済に支配されない時間をかけて得た人々のつながりです。30年の間、御巣鷹山は多くの人々の願いを受け止め、つなぎ、目には見えないが忘れてはいけないものを残してくれました。私たちは「人はつながって生きる」ことを肌で感じました。

御巣鷹山事故で失ったものは一人ひとりの「小さな幸せ」です。そして、私たちが失ってはいけないものは日常の中にあるこの「小さな幸せ」です。小さな窓を開けたときに風や光があたりまえに感じることができることが平和であり安全です。

事故や災害を無くすことはできないけれど被害を少しでも減らすことができるのではないか、30年間そう思ってきました。4年前に起きた大地震、大津波、そして原発事故。今も先が見えない不安で愛とか夢とか希望の言葉に「実態」が伴いません。そして、対立軸ではますます見つからない安全や平和。互いを理解する心が国も社会も欠けてきているような気がします。そんな中だからこそ伝えたい。あの日失った小さな幸せのことを。「小さな幸せ」がつながって「大きな幸せ」になることを。そして、そうした普通の生活が失われる社会にしてはいけないことを。

被害者や被災者に寄り添う社会を作っていきたい。そして、今後も被害者の視点で発言し日本の安全文化を高めていきたいと思っています。

この30年を支えていただいた皆様とともに、御巣鷹山、「慰霊の園」、日航安全啓発センターから世界の空に向かって今年も「安全の鐘」を鳴らします

4. 被害者支援の動向

公共交通機関の「被害者支援」について最近の動向
～8・12連絡会からの報告～

2015年4月12日

今、国は、公共交通事業者による被害者等支援計画の策定に力を入れています。御巣鷹山事故から30年経ち、「よかったな」と思えることの一つです。

そして、もう一つは、被害者が、年2回、国交省の研修センターで国の公共交通事故被害者等支援室の支援員に対して講演をしています。様々な公共交通機関の被害者、遺族たちが「被害者への支援」を要望してきた結果です。「被害者の声を聴くこと」が国の研修のプログラムに入りました。これも、とてもうれしいことです。

一つ目の「事業者の被害者等支援計画」ですが、国土交通省では、公共交通事故の発生直後から中長期にわたり被害者等の支援を行うため、公共交通事業者が実施する被害者等への支援の体制、内容について定める被害者等支援計画の指針として、「公共交通事業者による被害者等支援計画作成ガイドライン」を平成25年3月に策定、公表し、公共交通事業者に対して当該ガイドラインの周知を行い、その策定を促しています。策定した事業者については各社ホームページで公表されています。このような方針のもとで、多くの事業者が被害者等支援計画を策定して欲しいと願っています。

「事故を起こさないようにするから、そのような被害者支援計画はいらない」という考え方は昔のことです。事前に、被害者をどう支援していくかを考えておくことや社員への研修をすることは不可欠です。万が一、重大事故が起きたときに、この支援計画が、その被害の拡大を防止できると思います。被害者支援計画を作り、事故直後からの支援内容と社内体制が示され、被害者支援室を設置し、継続的な支援を行うことは、会社への信頼につながり、安全への意識を高めます。

このように、被害者支援について、8・12連絡会をはじめとする多くの事故の被害者団体が長年要望し、ここ7年間で大きな進展がありました。その経緯は、

①２００８年、国は、国土交通省設置法の付帯決議の中で、公共交通事故被害者支援の総合的な施策を検討することとなりました。

②２００９年、９月、国レベルとしては、初となる「公共交通における事故による被害者等への支援の在り方検討会」が国土交通省に設置され、８・12連絡会からも事務局長が検討会の委員となりました。この検討会の中で、２０１０年にまとめられた「被害者等への支援ニーズ等に関する調査報告書があります。これは、国交省が、２０１０年に被害者、遺族に行ったニーズ調査の報告書です。日航機御巣鷹山墜落事故、中華航空機墜落事故、信楽高原鉄道衝突事故、ＪＲ西福知山線脱線事故の各遺族会、負傷者の会を通じてヒヤリングやアンケートをした貴重な内容です。この報告書は、大事故の被害者団体が、長年存続し、被害者団体同士の連携があったからこそ、作ることができたと思っています。

２０１２年の４月に起きた関越道藤岡のツアーバス事故の被害者は、この報告書に書かれている内容に、「被害者として勇気づけられた。また、こんな支援もあるのかと知って、目の前が明るくなった」といわれました。

③２０１１年６月に「公共交通における事故による被害者等への支援の在り方検討会」は、下記のようなまとめをしました。

１．国の役割の明確化、関係機関の連携
２．交通事業者が行う事故被害者等に関する支援の事前措置
３．組織体制の整備

このような経過のもと、２０１２年４月から、国土交通省・総合政策局安心生活政策課に、「公共交通事故被害者等支援室」、運輸安全委員会には、「事故被害者情報連絡室」が設置されました。

この「公共交通事故被害者等支援室」は、情報提供のための窓口機能　被害者に寄り添い、再び平穏な生活営めるように中長期にわたるコーディネーション機能を持ちます。日本の事故や災害の被害者の支援をけん引する役目を担います。さらに、運輸安全委員会のアクションプランに基づき、「事故被害者情報連絡室」が設置されました。この連絡室の役割も重要で、被害者に難しいことをわかりやすく説明することは、被害者に寄り添う第一歩です。遺族は、なぜ、事故が起きたのかを知り、教訓が一つでも多く導き出されることを望んでいます。

今後、この二つの被害者支援のための組織が最大限機能していくように、私たち被害者もアドバイザーとして協力していきたいと考えています。

5．8・12連絡会の歩み（一部抜粋）

年	月	（国内・世界の主な出来事）	月	（8・12連絡会の出来事）
1985 昭和60	3	つくば万博開幕	8	日航ジャンボ機墜落
	4	電電公社、専売公社が民営化	12	8・12連絡会が発足
	9	プラザ合意（円高ドル安へ）		第1回総会　日航と会談
	10	国鉄の分割・民営化が決定		供養祭後集会
		阪神タイガースが21年ぶり優勝		会報「おすたか」準備号発刊
1986 昭和61	1	スペースシャトル・チャレンジャー号爆発事故	1	「おすたか」号外①発行
				アンケート実施／東京地区集会
			2	「おすたか」創刊号発刊／大阪地区大会
			3	「おすたか」2号発刊

年	月	（国内・世界の主な出来事）
1986 昭和61	4	男女雇用機会均等法が施行 チェルノブイリ原発事故
	5	英チャールズ皇太子とダイアナ妃来日
	11	伊豆大島で三原山噴火 全島民避難
	12	防衛費のGNP比1％枠撤廃

月	（8・12連絡会の出来事）
4	第1回告訴（告訴583人、告発9793人） 「おすたか」3号発刊 事故調査委員会聴聞会に出席
5	「おすたか」号外②・4号発刊
6	「おすたか」号外③④・5号発刊
7	遺品焼却差し止めを申し入れ 「おすたか」6号 文集「茜雲」1集発刊
8	一周忌集会／慰霊祭 文集「聞こえますか」発刊
9	自治体、医師会、警察、自衛隊、ボランティアに文集を持ってお礼に行く 「おすたか」7・8号発刊
10	「おすたか」9号発刊
11	事故調査委員会へ申し入れ
12	「おすたか」10号発刊

１９８７
昭和62

5 朝日新聞阪神支局襲撃事件
10 NY株式市場で株価大暴落
11 大韓航空機爆破事件
12 米ソ、中距離核戦力全廃条約に調印

1 「おすたか」11号発刊
2 「おすたか」12号発刊
3 原因究明部会集会「Ｂ７４７機はなぜ墜落したか」（毎日新聞社刊）／「おすたかれくいえむ」（茜雲１集・２集）発刊
4 「おすたか」13号発刊
6 事故調査委員会が報告書を公表
原因究明部会「報告書への私たちの考え」声明発表／「おすたか」14号発刊
日航株主総会出席
7 シンポジウム「日航機事故から空の安全を考える」開催／「おすたか」15号発刊
8 三回忌慰霊集会・慰霊登山
「おすたか」16号発刊
9 「おすたか」17号発刊
10 群馬県警特捜部を訪問
11 「おすたか」18号発刊
12 身元不明遺骨を荼毘に（藤岡市）

年	月	（国内・世界の主な出来事）
1988 昭和63	3	青函トンネル開業
	4	瀬戸大橋開通
	6	牛肉・オレンジの輸入自由化で米と合意
	7	リクルート事件
	9	ソウル・オリンピック開幕

月	（8・12連絡会の出来事）
1	慰霊登山の申し入れ 「おすたか」19号発刊
3	「おすたか」20号発刊
5	「おすたか」21号発刊
6	署名運動開始
7	「空の安全を問う」テレホンカード発行 「おすたか」22号発刊 生存率向上部会　署名・要望書を日航や運輸省らに提出
7	群馬県警に捜査に関する要望書提出
8	慰霊登山集会・追悼演奏会 「茜雲」3集発刊 原因究明部会シンポジウム冊子発刊
9	「おすたか」23号発刊
11	警察庁国際刑事課へ要望書提出 「おすたか」24号発刊

			12	群馬県警の送検を受け声明発表
				「おすたか」25号発刊
				参議院決算委員会で参考人として意見陳述
1989 平成元	1	昭和天皇崩御　平成へ	1	生存率向上部会と航空局との会談始まる
			2	「おすたか」26号発刊
			3	前橋地検に要望書提出
	4	消費税スタート	4	東京地検に順次、資料提出
	5	公定歩合、段階的に引き上げ		「おすたか」27号発刊
	6	美空ひばりさん死去	6	「おすたか」28号発刊
		天安門事件		東京地検が遺族11人、告発人2人に聴取
			7	群馬県立図書館に「おすたか」コーナー開設
				東京地検に署名・要望書を提出
			8	「茜雲」4集発刊
				慰霊祭・慰霊登山（キルト納める）・追悼演奏会
				「おすたか」29号発刊

年	月	（国内・世界の主な出来事）
１９８９ 平成元	9	ソニーがコロンビア買収を発表
	11	ベルリンの壁崩壊
	12	株価３万８９５７円の史上最高値
１９９０ 平成２	2〜	バルト３国がソ連から独立決議
	3	不動産融資総量規制（地価下落へ）

月	（8・12連絡会の出来事）
9	「おすたか」30号発刊
10	質問主意書を国会に提出・署名活動
	「おすたか」31号発刊
12	「おすたか」32号発刊
	前橋地検の不起訴処分受け検察審査会に申し立て署名27万名分提出
2	「おすたか」33号発刊
4	「おすたか」34号発刊
	検察審査会への上申書提出／議決結果公表
5	前橋地検へ上申書提出
	「おすたか」35号発刊
6	「おすたか」36号発刊
	検事総長へ要望書提出
7	再不起訴で終日抗議、理由の説明求める
	4日後、前橋地検が遺族に理由説明、一部

資料開示
不起訴処分概要を発刊
「茜雲」5集発刊
8 ローソク供養
慰霊祭／「おすたか」37号発刊
10 「おすたか」38号発刊
12 イラク軍、クウェート侵攻
12 「おすたか」39号発刊

1991
平成3

（バブル崩壊の年）
1 湾岸戦争勃発
2 関西電力美浜原発で炉心冷却装置作動
5 信楽高原鉄道衝突事故
6 雲仙普賢岳で大火砕流
7 ワルシャワ条約機構解体

2 「おすたか」40号発刊
残存機体保存部会
4 「おすたか」41号発刊
6 「おすたか」42号発刊
7 「再びのおすたかレクイエム」（毎日新聞社刊）（茜雲3～6集）発刊
老朽機の対策求める要望書を航空局に提出
「おすたか」43号発刊
8 慰霊祭／国際シンポジウム
「鎮魂の鈴」供養始める

年	月	（国内・世界の主な出来事）	月	（8・12連絡会の出来事）
1991 平成3	9	経済企画庁「いざなぎ景気超えた」と発表	9	「おすたか」44号発刊
	12	ソ連消滅	11	「おすたか」45号発刊
1992 平成4	4	ユーゴスラビア解体	3	「おすたか」46号発刊
	6	PKO協力法成立	5	「おすたか」47号発刊
	8	佐川急便事件	6	慰霊登山部会／藤岡で講演
	9	毛利衛さんが宇宙飛行	8	「おすたか」48号・「茜雲」7集発刊
	10	大蔵省、不良債権12兆3000億と発表		7年目のアピール／追悼慰霊祭
			9	「おすたか」49号発刊
			12	「おすたか」50号発刊

1993 平成5	3	金丸信元総理が脱税容疑で逮捕	4	損害賠償に関する訴訟終結
	5	サッカーＪリーグ開幕	5	「おすたか」51号発刊
	6	皇太子様が結婚、雅子様ブームに		残存機体と遺品に関するアンケート実施
	7	北海道南西沖地震	7	「おすたか」52号発刊
	9	ＰＬＯとイスラエル、パレスチナ暫定自治に調印	8	ふじおか・おすたかふれあいコンサートを企画
	12	ＧＡＴＴでコメの部分市場開放受け入れ		安全の鐘除幕／瀬戸内寂聴さん慰霊の園で講演／「茜雲」8集発刊
			9	「おすたか」53号発刊
			10	ふじおか・おすたかふれあいの会結成
1994 平成6	4	ＮＡＴＯがボスニア紛争で空爆／中華航空機事故	1	「おすたか」54号発刊
	6	松本サリン事件	5	「おすたか」55号発刊
	7	北朝鮮・金日成国家主席が死去	7	「おすたか」56号発刊
				中華航空遺族会に出席
	9	関西国際空港が開港	8	「茜雲」9集発刊／追悼慰霊祭／資料展
			9	運輸大臣に要望書提出

年	月	（国内・世界の主な出来事）	月	（8・12連絡会の出来事）
1994 平成6	10	大江健三郎さんにノーベル文学賞	10	「おすたか」57号発刊
	12	ロシア、内線状態のチェチェンに侵攻		
1995 平成7	1	阪神・淡路大震災	2	中華航空事故聴聞会で公述 「おすたか」58号発刊 阪神地区遺族へお見舞い
			3	圧力隔壁展示場を見学
	3	地下鉄サリン事件	6	「おすたか」59号発刊
			7	写真集「おすたかの石仏たち」（茜雲10集）発刊
	8	政府「村山談話」発表	8	藤岡ふれあいの会で永六輔さん講演 とうろう流し始まる（第1回）／追悼慰霊祭／運輸省へ質問書提出
	9	沖縄で米兵少女暴行事件	10	「おすたか」60号発刊

1996 平成8	2	厚生相、薬害エイズ問題で謝罪	3	「おすたか」61号発刊
			7	「おすたか」62号発刊
	7	整理回収機構設立	8	第2回とうろう流し
	12	ペルーで日本大使公邸が襲撃され、数百人が監禁		追悼慰霊祭（ケルン作り）
			10	「おすたか」63号・「茜雲」11集発刊
1997 平成9	4	消費税5％に	3	「おすたか」64号発刊
	7	アジア通貨危機始まる	7	「おすたか」65号・「茜雲」12集発刊
	11	山一証券、自主廃業	8	第3回とうろう流し／追悼慰霊祭
1998 平成10			1	「おすたか」66号発刊
	2	長野オリンピック開幕	2	中華航空慰霊施設へ寄付
	8	北朝鮮がテポドン1号発射	7	「おすたか」67号発刊
	12	NPO法施行	8	第4回とうろう流し／追悼慰霊祭
			11	「おすたか」68号・「茜雲」13集発刊
1999 平成11	1	EUがユーロ導入	1	事故調査委員会へ要望書提出
	2	臓器移植法施行後、初の脳死移植	4	「おすたか」69号発刊

年	月	（国内・世界の主な出来事）	月	（8・12連絡会の出来事）
1999 平成11	6	AIBO発売	6	「おすたか」70号発刊
	9	東海村臨界事故	7	鉄道安全推進会議、信楽鉄道事故遺族会と国際シンポジウムに出席し「共同アピール」
			8	第5回とうろう流し／追悼慰霊祭
			11	「おすたか」71号発刊
2000 平成12	3	営団日比谷線脱線衝突事故		
	5	ストーカー規制法公布	6	「おすたか」72号発刊
	11	オーストリアでケーブルカー火災事故	8	「茜雲」15集発刊
				第6回とうろう流し／追悼慰霊祭
	12	少年法改正で刑事罰14歳からに	12	「おすたか」73号発刊
			7	「おすたか」74号発刊
2001 平成13	2	ハワイ沖「えひめ丸」沈没事故	8	「茜雲」第16集発刊
				第7回とうろう流し／追悼慰霊祭
	5	ハンセン病訴訟で国が控訴断念	11	「おすたか」75号発刊

年	月	社会の出来事	月	連絡会の歩み
	7	明石歩道橋事故		
	9	アメリカ同時多発テロ		
2002 平成14	1	ブッシュ米大統領「悪の枢軸」演説	7	「おすたか」76号発刊
	4	ゆとり教育がスタート	8	「茜雲」17集発刊
	5	サッカー日韓ワールドカップ開幕		第8回とうろう流し／追悼慰霊祭
	10	拉致被害者5人が帰国	12	「おすたか」77号発刊
2003 平成15	2	スペースシャトル・コロンビア号が空中分解	7	「おすたか」78号発刊
	5	個人情報保護法成立	8	「茜雲」18集発刊
	12	地上デジタル放送開始		第9回とうろう流し／追悼慰霊祭
2004 平成16	1	自衛隊イラク派遣	4	「おすたか」79号発刊
			7	「おすたか」80号発刊

年	月	（国内・世界の主な出来事）
2004 平成16	8	米軍ヘリが沖縄国際大学に墜落
	12	スマトラ沖地震・インド洋大津波
2005 平成17	3	東武竹ノ塚踏切事故
	4	JR福知山線脱線事故
	11	耐震強度偽装問題が発覚

年	月	（8・12連絡会の出来事）
2004 平成16	8	「茜雲」19集発刊
		第10回とうろう流し／追悼慰霊祭
		検察、日航、国交省に要望書を提出
	12	「おすたか」81号発刊
2005 平成17	6	黒澤村長に感謝の花束を贈呈
	7	「おすたか」82号発刊
		『茜雲』総集編（20集）を発刊（本の泉社）
	8	第11回とうろう流し／追悼慰霊祭
		残存機体展示を求める要望書を日航に提出
	10	鉄道安全推進会議のシンポジウムに参加
	11	「おすたか」83号発刊
		日航アドバイザリーグループのヒアリングに参加
		法制度研究会のシンポジウムに出席
	12	アドバイザリーグループの提言書が出される

2006 平成18			2	福知山線の被害者団体に寄付
			3	「おすたか」84号発刊
	6	シンドラー社エレベーター事故	4	日航・安全啓発センターを下見
			7	「おすたか」85号発刊・『茜雲』21集発刊
			8	第12回とうろう流し／追悼慰霊祭
	10	北朝鮮、核実験実施を発表		「旅路　真実を求めて」（上毛新聞刊）
2007 平成19	2	「消えた年金」問題発覚	1	「おすたか」86号発刊
				明石歩道橋事故シンポジウムに参加
	7	新潟中越地震	7	「おすたか」87号発刊
	10	郵政民営化スタート	8	第13回とうろう流しに福知山線、明石歩道橋、伊勢崎踏切事故の各遺族が参加／追悼慰霊祭
				遺品展示の話し合いを日航と再開
2008 平成20	5	中国・四川大地震	1	遺品展示について日航と話し合い
	6	秋葉原無差別殺傷事件	2	「おすたか」88号発刊

年	月	（国内・世界の主な出来事）	月	（8・12連絡会の出来事）
2008 平成20			5	遺品展示について日航から依頼文届く
			7	「おすたか」89号・「茜雲」22集発刊 国交相と事故調査委員会に要望書提出
	9	リーマン・ブラザーズが経営破綻	8	安全啓発センターに遺品が一部展示 第14回とうろう流し／追悼慰霊祭
	12	日比谷公園に年越し派遣村	9	運輸安全委員会設置に関わる説明会に出席 同会運営規則案に関して意見提出
2009 平成21			2	「おすたか」90号発刊
	6	マイケル・ジャクソンさん急死	6	藤岡青年会議所主催で講演
			7	「おすたか」91号・「茜雲」23集発刊
	8	裁判員裁判スタート	8	安全啓発センターに「おすたか」一部展示 第15回とうろう流し／追悼慰霊祭
	9	政権交代・民主党政権が誕生	9〜	国交省被害者等支援のあり方検討会委員となる

2010 平成22

2 チリ大地震
5 iPadが日本で発売開始
6 小惑星探査機「はやぶさ」帰還

1 国交相に日航の安全確保求める要望書提出
日航が経営破綻　会社更生法申請
5 「おすたか」92号発刊
7 高崎アコーディオンサークル主催の講演・演奏会／「茜雲」24集発刊
8 前原国交相に遺族面会、事故原因について要望／第16回とうろう流し／追悼慰霊祭
10 当時の事故調査委員会の委員と面会
運輸安全委員会に再調査の要望書提出
11 連絡会から遺族宛に「事故原因への疑問」募集／海底捜索についてソナー会社と面会

2011 平成23

2 ニュージーランド大地震
3 東日本大震災・福島第一原発事故

1 運輸安全委員会と連絡会で会議。解説案を5回にわたり会議し、修正作業進める
2 会議への参加を小林忍さん、本江彰さんに依頼／「おすたか」93号発刊
4 解説案に関する遺族へのアンケートを実施

年	月	（国内・世界の主な出来事）	月	（8・12連絡会の出来事）
２０１１ 平成23	10	１ドル＝75円32銭の戦後最高値	7	運輸安全委員会が１２３便事故解説書を公表 「おすたか」94号発刊／「茜雲」25集発刊
	12	金正日総書記が死去	8	第17回とうろう流し／追悼慰霊祭
２０１２ 平成24	4	関越高速バス事故	4	（国土交通省に被害者支援室設置）
	5	東京スカイツリー開業		「おすたか」95号発刊／被災者支援活動
			7	「おすたか」96号・「茜雲」26集発刊
	12	民主選挙惨敗で自民政権に	8	第18回とうろう流し／追悼慰霊祭
				国交省・被害者支援室の研修で講演（年２回）
２０１３ 平成25	1	アルジェリア人質事件	2	国交省・被害者支援懇談会始まる
	6	富士山が世界文化遺産に	3	「おすたか」97号発刊
	9	２０２０年の東京オリンピック決まる	7	「おすたか」98号・「茜雲」27集発刊
			8	第19回とうろう流し／追悼慰霊祭
	12	特定秘密保護法成立		

２０１４ 平成26	3	ロシアがクリミアを編入	2	大雪で「御巣鷹山の尾根」に被害、開山は例年より１ヵ月遅れ
	4	消費税８％に	3	国交省・被害者支援懇談会に出席
		韓国でセウォル号沈没	4	「おすたか」99号発刊
	7	集団的自衛権行使容認の閣議決定	5	国交省・被害者支援室で講演（年２回）
		ウクライナでマレーシア航空機撃墜	6	日航安全啓発センターで第一回「思いを語り合う会」
	8	広島で大規模土砂災害	7	「おすたか」１００号発刊
	9	御嶽山が大噴火	8	第20回とうろう流し／追悼慰霊祭
			11	国交省・被害者支援室で講演（年２回）
２０１５ 平成27	1	ＩＳによる日本人人質事件	2	「おすたか」１０１号発刊
	3	北陸新幹線開業	3	国交省・被害者支援懇談会に出席
	4	天皇・皇后両陛下、パラオ訪問	4	羽田に保管されている遺品の見学
	5	口永良部島、新岳噴火で全島民避難	5	国交省・被害者支援室の研修で講演（年２回）
			6	日航安全啓発センターで第二回「思いを語り合う会」
			7	「おすたか」１０２号・

年	月	（国内・世界の主な出来事）	月	（8・12連絡会の出来事）
2015 平成27			7	「茜雲」28集（本書）発刊

第2部

123便事故調査の解説書が出された後の遺族たちの問いかけ

6．議論が深まることを祈って

２０１５年７月

「解説書」が出された後の遺族の疑問について

8・12連絡会事務局長　美谷島邦子

御巣鷹山事故の原因について、さまざまな疑問が残り、遺族は混乱してきた。「修理ミスの背景を知りたい」、「海底捜索をもっとしていたらよかったのでは」、「急減圧はあったの」、「救助が早ければ、助かったかもしれない」などの声は遺族から多く上がっていた。

２００８年、運輸安全委員会が発足。「被害者への情報提供」が義務付けられた。8・12連絡会は、被害者や一般国民に対して事故調査報告書をわかりやすく説明してもらうことで今後の事故調査のありかたへの論議につなげ、「安全」を多くの人と考えることになると考えた。そこで、分りやすい「解説書」を要望し、運輸安全委員会はそれに応じた。8・12連絡会に寄せられ遺族の疑問を運輸安全委員会と遺族と日航の元技術者やパイロットも加わり作成した。

説明責任が果たされることは被害者の納得につながり、事故調査機関の信頼を高める。この解説書の作成意義は大きいと考えている。しかし、事故調査は事故調査報告書が出されて終わりではないと今も思っている。

ごく最近の事故調査報告書は事故の背景要因にかなりのページを使い、再発防止にさらに力点が置かれてきていると作家の柳田邦男さんが話されているが、今後も、このように被害者の視点を入れた調査報告書を作成し、さらに事故調査の被害者への情報提供のありかたなど論議を続けて欲しいと考えている。

また、事故調査機関の透明性、独立性や人員や予算の充実をはかり専門官の養成も急がれている。さらに、運輸安全委員会が市民に開かれた組織になることを願っている。

御巣鷹山事故から26年目、（2011年）遺族の要望で、123便事故調告書の解説書が作られた経緯

1．2008年10月、運輸安全委員会が発足して事故被害者支援が法制化され同委員会の設

置法により被害者への情報提供が義務付けられた。これを受けて、運輸安全委員会では旅客が死亡する等大きな事故の場合は報告書を公表する際には被害者説明会を開催することとする。

2．8・12連絡会は、２０１０年の8月日航安全啓発センターにおいて8・12連絡会が当時の前原国土交通大臣に被害者支援制度の法制化と事故調査機関の在り方についての検討を要望。

3．２０１０年10月から運輸安全委員会に被害者への情報提供等を行う担当者を新たに置いた上で２０１１年4月には事故調査情報提供窓口を設置。

4．２０１０ 年9月に事故原因について8・12連絡会は、遺族が抱き続けてきた疑問をまとめ、10月には運輸安全委員会に提出。それから10ヵ月にわたり、運輸安全委員会からその疑問の一つひとつについて順次回答。そして、この疑問への回答をまとめた「解説書」が作られる。

運輸安全委員会のホームページに「解説書」の内容が公開。

事故の原因についての遺族の疑問に答えようとして、事故後26年目に運輸安全委員会が遺族の求めに応じ事故調査報告書を掘り下げ、「解説書」を公開したことは画期的なことだと考えている。

ノンフィクション作家の柳田邦男さんは、この解説書の大きな意義をこう書いている。

昭和60年（1985年）8月12日、群馬県御巣鷹山に墜落し、520人が犠牲となった日本航空ジャンボ機事故からはや26年が経過した。

私は、この事故の関係者ではないが、現代における「いのちの危機」をテーマに、事故、災害、公害、病気などの問題について取材し研究してきた作家として、日航機墜落事故の発生当時から事故原因をめぐる様々な問題についてフォローし、犠牲となった人々の遺族たちの歩みについても見つめてきた。御巣鷹山の現場にも何度となく慰霊の登山をし、遺族の心情に少しでも近づければと思ってきた。

そのような中で、年月が経つほどにはっきりと見えてきたのは、遺族たちが亡き人たちに対し、《あの事故はこういう原因で起きたのだということがはっきりしたよ。あなたのような犠牲者を2度と出さないように、安全対策もしっかりと取られるようになったよ》と、納得感をもって報告することができないという事実だった。供養できないのである。納得して報告することができないから、遺族たちの心には、いつも雲がかかったような状態に置かれてきた。その大きな理由は、当時の航空事故調査委員会が2年後にまとめた航空事故調査報告書が、専門的すぎて一般人にはわかりにくく、しかも遺族たちが抱いていたいくつもの疑問点に対して明確に答えてくれるような文脈になっていなかったところにあった。

　航空事故のように高度に専門的な技術がからむ領域の問題については、一般人の知識レベルで理解できるように記述するのは無理である。専門家が理解して、それに対応する対策を立てればよい、報告書がすべてであって、解説書など必要がないという考え方に支配されていたという意味である。その視野の中には、事故の最も重要な関係者である被害者・遺族が入っていなかった。

　もう一つ、事故調査とは何かという基本的な問題についても、視野が限定的だったという問題もあった。事故調査は、事故発生の技術的な問題点（欠陥、故障、エラーなど）を解明すれば原因を解明できたとする考え方である。

　事故調査において、被害者・遺族の視点を導入する大きな転機となったのは、平成17年4月に発生した福知山線事故調査の過程で、いわゆるサバイバルファクター分析の重要性が指摘され、平成18年に改正された法律に、事故調査の対象を、事故原因だけでなく、被害の発生・拡大の原因にまで広げることを明記したことだった。「なぜ墜落する事態になったか」だけでなく、「なぜ死傷者が出たのか」「被害を少なくする方法はなかったのか」という問題についても、しっかりと調査するように義務づけられたのである。

これは、国際航空分野では、ＩＣＡＯ（国際民間航空機関）の事故調査マニュアルで早くから求められていたことだったが、ようやくわが国でも被害者をめぐる問題の調査に取り組むようになったのである。平成20年10月、陸海空の事故調査機関を一本化した運輸安全委員会が発足したことに伴い、改正された法律では、合わせて被害者に対する情報提供も義務づけられたことを契機として、今年4月から事故調査情報提供窓口が設けられて、被害者・遺族の疑問や意見に対応するようになった。国の行政においては、21世紀を迎えてから、平成16年に犯罪被害者支援の基本法ができ、国土交通省においては、運輸事故の被害者支援の取り組みについて検討を始めるなど、国民の命に対する取り組みの中に被害者の視点を取り入れる動きがいろいろな分野で見られるようになったが、上記の二つの法改正は、そうした行政の変化と軌を一にするものととらえることができる。

このような流れの中で、日航機墜落事故の遺族の会である「8・12連絡会」が、事故から25年目を迎えた平成22年10月に、事故原因について長年にわたり抱いてきた疑問点をまとめて、運輸安全委員会に提出したことを契機として、両者の間で疑問点を少しでも解消しようとする解説文を作成する努力が始められた。運輸安全委員会の事務局が解説書の素案を作ると、8・12連絡会が遺族にアンケート調査をして理解と納得が得られるかどうかを把握し、運輸安全委員会側にフィードバックし、議論を重ねる。そういう作業を10ヵ月にわたって緊密に積み重ねていって、ここに「解説書」が生まれたのである。

この「解説書」の意義をまとめると次のようになろう。

（1）事故調査を被害者および一般国民に対し開かれたものにするための扉を大きく開く役割を果たすものである。

（2）事故調査報告書をわかりやすく納得感のあるものにするための具体的な取り組みと進め方のモデルになる。情報公開の新しい形でもある。

（3）安全な社会を作る仕事である事故調査の中で、被害者・遺族ならではの気づきや被害者・遺族の理解と納得感を視野に入れることが重要であることを具体的に示す〝教科書〟的な意味を持つ。

（4）被害者・遺族もそれぞれの分野で仕事をこなす理性のある社会人であり、大切な人の喪失や命の危機という事態の中では、必死になって専門的なことであっても学び理解しようとするものだということを、専門家や行政官に理解してもらうための事例となる。

（5）運輸安全委員会と「8・12連絡会」の議論の場に、安全問題の専門家である操縦分野と整備分野のベテラン経験者がアドバイザーとして同席することによって、相互に理解と納得を深める役割を果たしたことは、参考にすべき取り組み方である。

（6）このような「解説書」の試みは、今後の事故調査報告書をわかりやすいものにするうえで大きな刺激となる。

（7）運輸安全委員会が対象にする分野以外の事故調査と報告書のまとめ方にも、参考にしてもらいたい取り組み方と内容になっている。

日航機墜落事故の遺族たちが26年間もあきらめることなく事故の真実を求め続けた姿勢と、運輸安全委員会になって新しくなった事務局の遺族の要望に真摯に向き合った姿勢に、私は深い感銘を受けるとともに、長年事故の再発防止を願って取材を続けてきた者として、心からの敬意を表したい」

とある。

このような経緯をもとに今年は事故後30年目を迎えるにあたって、長く日本航空で技術、安全畑を歩んでこられた小林忍さんに事故調査報告書の内容だけに留まらず、私たちの事故原因に関する素朴な質問、疑問に応えてもらった。

小林さんは、2005年8月に日本航空が立ち上げた外部委員による「安全アドバイザリー委員会」(座長:ノンフィクション作家の柳田邦男氏)の事務局も務めている。その後、安全啓発センターの設立に際しても、事故原因に関する遺族からのさまざまな質問に答えてもらった。そして、2011年運輸安全委員会が行った「日本航空123便の御巣鷹山墜落事故に係る航空事故調査報告についての解説書」作りでは、8・12連絡会の要請に応えて技術アドバイザーとして参加した。

今回のこの説明をもとに、さらに議論が深まることを願っている。

7. 遺族の疑問・質問への説明

123便事故原因、捜索に関するご遺族の質問、疑問点に対するご説明

小林　忍（＊）

（＊）日本航空で長く機体構造技術を担当。123便事故当時は、米国ボーイング社の機体構造強度計算部門で研修生として働いていた。帰国後、123便事故調査にも関わる。その後、成田整備工場、運航技術部、総合安全推進室、社長安全補佐を歴任。著書に「航空機事故に学ぶ」（講談社）がある。

はじめに

事故の大きさから事故原因に対していろいろな説や疑問が出てくるのは無理からぬことと思っています。このたび、8・12連絡会事務局長の美谷島様にまとめていただいた123便事故原因に対するご質問、ご疑問に対して私の知識の及ぶ範囲で説明いたします。なお以下

の説明の中での写真、図の一部は一般公表されている運輸安全委員会の事故調査報告書から引用しています。

はじめに１２３便の事故原因を考えるとき、次の４つの現象は、誰もが知っている共通した事実と思います。

・「ドーン」という大きな音が発生した（音声記録）
・「ドーン」という音の直後に客室酸素マスクが落下（音声記録の自動音声および生存者の証言）
・全油圧システムが喪失し操縦不能に陥った（音声記録装置）
・垂直尾翼の破壊（地上からの写真撮影）

これを大前提に、以下の疑問点、ご質問に対してご説明します。

1．機内に減圧は起きたんですか？

羽田空港離陸して約12分後に「ドーン」という大きな音が音声記録装置に記録されています。その直後、自動音声と客室乗務員の声で「酸素マスクをつけてください」という音声が記録されています。また生存者の証言やお亡くなりになった乗客の方でご家族に宛てた手紙の中に「バンという音がしてすぐ酸素マスクが落ちてきて、自動音声が流れた」と言っています。このことから、機内は「ドーン」という音の直後に機内の減圧が始まったと考えます。

酸素マスクは何かの衝撃で落ちてきたのではないかという意見も聞いたことがあります。確かに着陸時の衝撃等で過去に酸素マスクが数個落下した事例はありますが、それだけでは自動音声は流れません。自動音声が流れるには、前方貨物室に取り付けられている気圧感知センサーが機内高度1万4000フィート以上を感知したとき、または乗員が操縦室のスイッチを直接操作することで酸素マスクを落とし、自動音声を作動させる仕組みになっています。（機構的には、感知してから酸素マスクを落とすまで7秒くらい必要とします）貨物室と客室は差圧が生じないような仕組みになっており空気の流れという点ではつながっています。また操縦室で酸素マスクを落とす操作をした形跡は、ありません。

以上のことから、「ドーン」という音の直後に客室内に減圧が生じたと思います。

次に墜落地点から回収された後部圧力隔壁に破壊状況を図に示します（後部圧力隔壁は、厚さ1ミリ弱のアルミ合金と補強材からなっています）。

この破壊状況には大きな特徴があります。後ろから見て、時計回りで9時の位置、11時半の位置、13時の位置が直線的に破壊しているのに対し、14時から15時にかけた位置、17時の位置は複雑な破壊状況を示しています。直線的な破壊は、単純な引っ張り力による壊れ方の特徴であり、複雑に壊れている部分は、多方向から複雑な力が加わった結果の壊れ方を表し

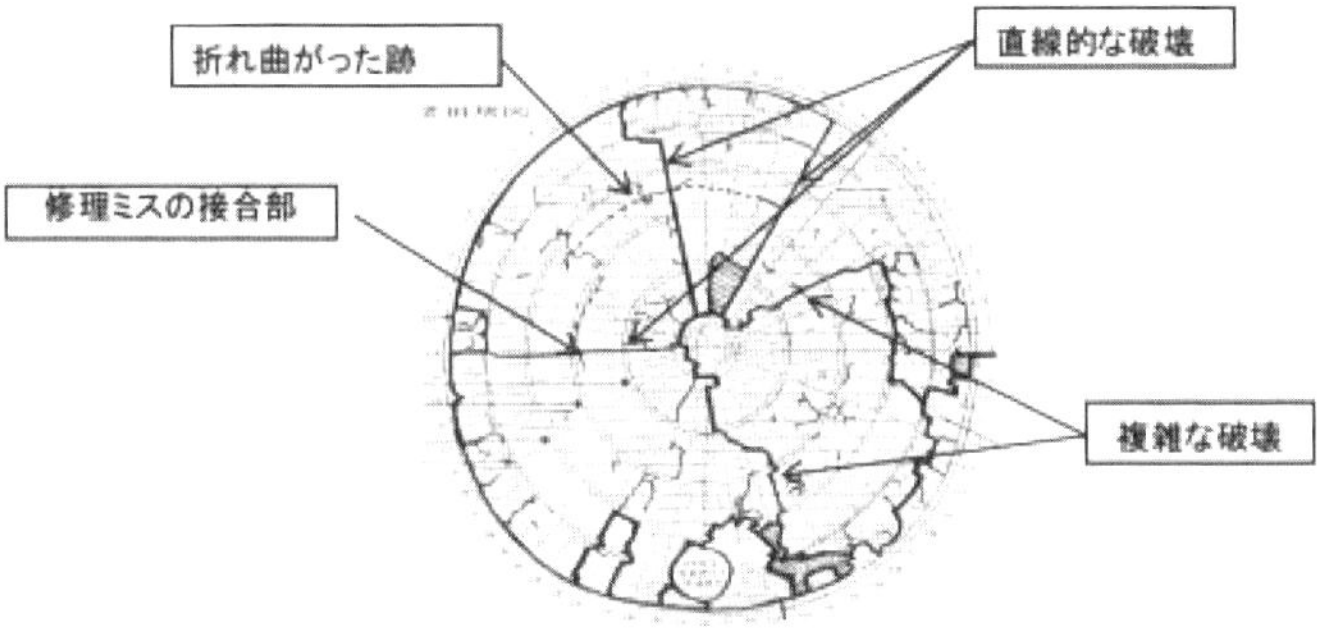

後部圧力隔壁破壊図

写真－24　後部圧力隔壁復元(後方より見る)

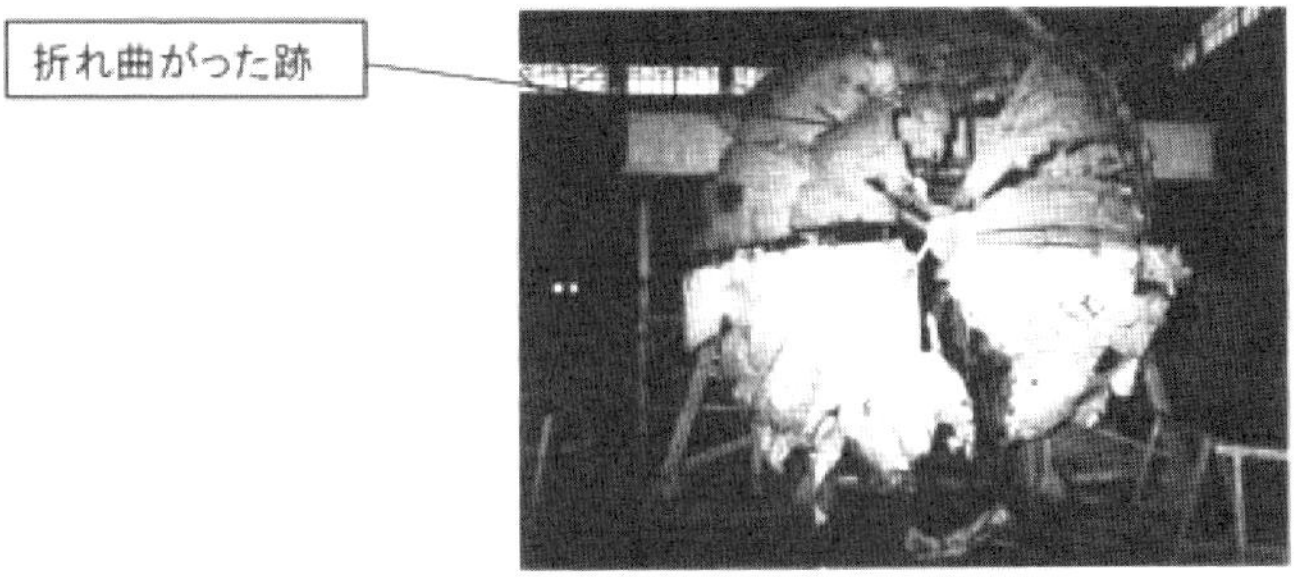

ています。もし、これらがすべて墜落時の衝撃で破壊したとすると、9時、11時半、13時の直線的な破壊の説明が付きません。

後部圧力隔壁は、客室内の圧力を密封する役割を担っていますが、この圧力に対して後部圧力隔壁に単純な引っ張り力が生じることにより、バランスを保っています。このようなことから、つなぎ目の修理ミスが行われた9時の位置、さらに11時半、13時の破壊は、客室内に圧力が加わっているときにその圧力で一気に破壊したと考えられ、残りの2か所は、墜落時の衝撃で複雑な力が加わり破壊したと考えるのが無理のない説明になると思います。また後部圧力隔壁上部の折れ曲りは、破壊時勢いよく後方上部にめくれあがり、胴体フレームとぶつかり折れ曲がった跡を示していると考えます。

以上の2つを合わせると、不適切な修理が行われた後部圧力隔壁が空中で破壊したことで、客室に減圧が生じたと考えています。

2．操縦室と客室では、減圧の程度はちがうの？

ご説明したように、客室や前方貨物室は、「ドーン」という音の直後に酸素マスクが自動落下するほどの減圧（客室高度が1万4000フィート以上）が生じていたものと思われます。操縦室はもっとも前方に位置しており、一見密閉、隔離されているようにみえますが、航空機の構造からみると隙間が多く、操縦室も客室や貨物室とほぼ同様の割合で減圧していたと考えます。

3．霧の発生は断熱膨張の結果？　生存者は、静かで寒くなかったと言っていますが、何故なの？

事故報告書では、断熱膨張した場合の気温の変化、霧の発生の可能性を推定しています。

厳密には断熱膨張ではないと思いますが、機内容積、後部圧力隔壁の破壊の大きさから空気の流失量を考えると、与圧装置（エアコン）から客室への空気の供給の割合は極めて少量ですので、短時間であれば断熱膨張と仮定したとしてもおかしくはないと考えています。なお与圧装置から客室への空気の供給で、たとえ後部圧力隔壁に穴が開いても、減圧の程度は軽かったのではないかとの意見も聞きますが、たとえば客室の窓が一枚破壊しただけでも客室の気圧は全く維持できません。その程度の供給量です。「ドーン」という音の直度に客室酸素マスクが落下していることもこれを裏付けていると思います。

さらに客室の空気には、通常20～30％位の湿度が含まれていますので、短時間内で断熱膨張に近い形で気温が低下した場合、霧が発生したとしてもおかしくないと思います。丁度朝方気温が下がって霧が発生する現象と同じです。

ただし、断熱膨張終了して膨張のための熱が奪われなくなると、機内の気温は、与圧装置からの空気や人の熱源等で急速に回復すると思われますので、霧が発生していた時間は短時間であると考えています。また人によって個人差はあると思いますが、短時間の温度の低下であれば、寒さを感じなかったとしても不思議ではないと思います。

また後部圧力隔壁が破壊した後の客室内の空気の流れについて、後部圧力隔壁後方の構造、開口部の影響を考慮して事故調査報告書では詳細に計算されています。それによると客室内の断面平均で約10メートル／秒くらいの空気の流れがあったとされています。実際、乗客の皆様は椅子に着席していましたので、短時間10メートル／秒くらいの空気の流れであれば、それほど風の流れを感じなかったのではないかと思っています。

（注）断熱膨張とは固体、液体や気体が膨張するには、エネルギーが必要で、通常は外からエネルギーをもらって膨張します。空気を暖めると膨れるという現象です。ところが外からのエネルギーをもらえない（断熱）状態で膨脹する場合は自らの持っているエネルギー（この場合は熱エネルギー）を奪って膨張することになり、その結果、自らの温度が下がることになるという現象を言います。例えばドライアイスを作るときは、圧縮した二酸化炭素のボトルの栓を緩めて、一気に膨張させると、外から熱を得る時間的ゆとりがないために、自らの熱を奪って膨張します。熱を奪われた二酸化炭素は、一気に冷えて固体（ドライアイス）となります。

4. 乗員は、なぜ最後まで酸素マスクをつけなかったの?

音声記録から読み取る限り、「ドーン」という音が記録された時間から数分後ですが、操縦室では、乗員の一人が酸素マスクの装着を勧めていますが、乗員が酸素マスクを装着した形跡はありません。なぜ装着しなかったのかは音声記録等から推測することは困難です。

5．1986年10月に高知上空で発生したタイ航空機A300事故と123便の減圧の違いは?

タイ航空機の後部圧力隔壁破壊事故は、よく１２３便事故と比較されます。タイ航空の機種はエアバスＡ３００で、後部圧力隔壁の大きさは７４７より少し小さい作りになっています。

１２３便は、客室の圧力で後部圧力隔壁の修理ミスの部位から破壊したのに対し、タイ航空の場合は乗客が持ち込んだ手りゅう弾の爆発による爆風で破壊したために、１２３便のように不適切な修理が行われたつなぎ目からの直線的な破壊でなく複雑な壊れ方をしています。これに加え、それぞれの物理的条件はかなり

	123便　B747	タイ航空　A300
事故原因	後部圧力隔壁の修理ミス	手りゅう弾の爆発
事故発生高度	約7300メートル	約1万メートル
胴体与圧容積	約1700立方メートル	約850立方メートル
後部圧力隔壁の破壊具合	全体の約1／3	全体の約1／2
後部圧力隔壁の直径	約4・6m	約3・9m

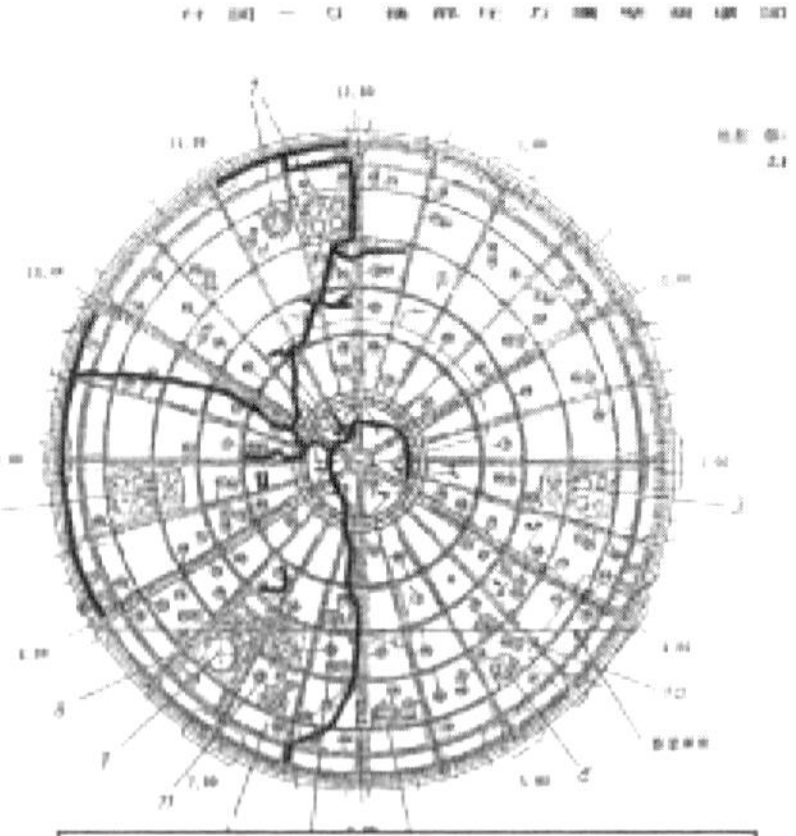

タイ航空機後部圧力隔壁の破壊状況

異なっており、単純に比較はできないことが理解できると思います。

その上であえて比較すると、タイ航空の場合、与圧域の容量は、７４７機のほぼ半分で、事故発生時の高度も１２３便より高いことから、客室と外気の気圧差は大きくなり後部圧力隔壁に同じ大きさの穴が開いたとした場合でも、客室の空気の抜け具合は、７４７よりも急になりますので、お客様に与える影響、不快感は、１２３便より大きくなると思われます。実際は、タイ航空の後部圧力隔壁に開いた穴は、１２３便より大きいので、より急であったと思われます。

例えをあげると、空気を水に置き換え、バケツに水を半分入れた場合と、全部入れた場合で、同じ割合で水を流すと、水が半分の場合は、全部入れた場合より、半分の時間で空になります。実際、空気の場合は圧縮性や温度を考慮する必要がありそれほど単純ではありませんが、空気の抜け方の違いを示すためにわかりやすくしました。

6．方向舵（ラダー）が飛行中にフラッターを起こして垂直尾翼を破壊したという説や外部から何かが尾翼に衝突した説って？

今日の航空機の垂直尾翼後方に取り付いている方向舵は、作動筒（アクチュエータ）による油圧駆動で且つ上方方向舵（アッパー・ラダー）前方に重り（バランス・ウェイト）を取り付けて、通常想定される飛行速度内で、弾性振動（フラッター）が生じないように設計され、試験飛行でフラッターが起こらないことが確認されています。また、方向舵に万一フラッターが生じても、垂直尾翼の強度より弱く方向舵を作っていますので、垂直尾翼自体が破壊することはないように設計されています。

そのような前提がありますが、これらをすべて無視して、万一方向舵にフラッターが生じそれが元で垂直尾翼が破壊したと仮定した場合は、その揺れや破壊の過程で、航空機が相当左右に振られ、これが飛行記録装置に記録されるはずです。飛行記録装置には、そのような兆候である左右の大きな揺れを示す記録はありません。

すなわちこの説には無理があると考えています。

さらに、垂直尾翼に外部から何かが衝突して垂直尾翼を破壊したのではないかという話もありますが、垂直尾翼を破壊するほどの力が外部から加わったなら、これを裏付けるような左右上下の機体の大きな揺れが飛行記録装置に記録されるはずですが、そのような記録がないことから、外部から何かが衝突し垂直尾翼を破壊したという話にも無理があります。

7. 垂直尾翼を吹き飛ばすには最低10ｍ流速の風が必要なの？

正確には空気の流れの勢いで、垂直尾翼が破壊したのではなく、垂直尾翼内部に客室からの空気の蓄圧で垂直尾翼の破壊が始まったと思われます。丁度風船を膨らましすぎると破裂する現象と同じと思っています。

8. 垂直尾翼って内圧でそんなに簡単に壊れるものなの？

事故当時私は、米国シアトルのボーイング社の機体構造強度計算部門で働いていました。事故後に、後部圧力隔壁が１９７８年に実施された修理ミスにより破壊し、そこから流れた客室の空気が垂直尾翼内に蓄積し、その内圧で破壊が始まったという話しを聞いたときは、私も奇異に感じました。丈夫に作られているように見えた垂直尾翼がその程度の内圧で本当に破壊するのだろうかと疑問を持ちました。しかしその後、ボーイング社の技術者や自分でも確認すると思いの外、垂直尾翼は内圧に弱いことがわかりました。もともと垂直尾翼に加わる荷重は、風や操縦操作による曲げやねじり荷重に耐えるように設計製造されていますが、客室胴体と異なり内圧に耐えるようには設計させていません。軽量化が大命題の航空機は、本事故だけでなく、今でいう設計条件以外の力、いわゆる「想定外の力」には思いのほか耐えるように作られていないということがわかりました。事故調査報告書でも、この点に関して計算だけでなく実験等でも検証、確認しています。

また垂直尾翼の主要構造部分は、回収されていませんが、垂直尾翼前方上部（前縁上部）は海、垂直尾翼前方下部（前縁下部）はＵ字溝から回収されています。この回収部品の中で特に垂直尾翼前縁上部の前桁やその後方外版、鋲（リベット）は、垂直尾翼内に溜まった内圧で破壊した様相を示しています。

さらに、方向舵（ラダー）のフラッター説や垂直尾翼に外部から何かが衝突し垂直尾翼が破壊したという説が成り立つには、少なくても「ドーン」という大きな音と同時またはそれ以前に、機体が大きく揺れるはずですが、飛行記録装置にはそのような揺れを示す記録がないことから、いずれの説にも無理があります。

なお結果論かもしれませんが、垂直尾翼の破壊やＡＰＵの脱落は、後部圧力隔壁破壊同様、事故原因を特定するための重要な手がかりとなるものですが、もっと時間をかけてでも、捜索、回収していれば、後に出てくる事故原因に関するさまざまな説もそれほど拡散することがなかったのではと個人的には思っています。米国であれば、徹底的に捜索、回収したと思っています。

9. 垂直尾翼が壊れるなら水平尾翼も壊れるのでは?

水平尾翼も垂直尾翼と基本構造は同一ですので、もっともな疑問だと思います。異なる点は、水平尾翼には垂直尾翼には取り付けられていなかった接近開口部に「ふた」が取り付けられており、これが客室から流入した空気の流入を防いだために、内圧の蓄積はなかったと思われます。逆に「ふた」が取り付いていなければ垂直尾翼同様に破損した可能性は十分あったと思われます。水平尾翼の接近口に「ふた」を取り付けた理由は、将来水平尾翼内を燃料タンクに使用する計画があったために、「ふた」を取り付けたと聞いています。なお事故後の原因調査から、垂直尾翼接近口から空気の流入を防止するため、水平尾翼同様の、ふたを取り付ける改修を行っています。

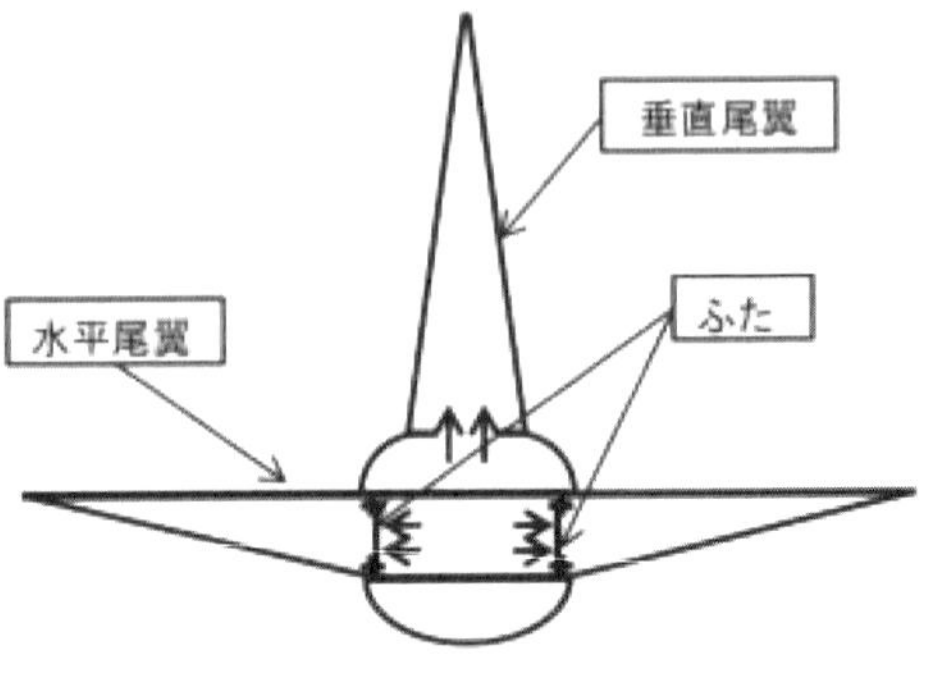

10. ＡＰＵの防火壁が破壊したら、そこから空気が抜けるので垂直尾翼は破壊しないのでは?

もっともな疑問です。事故調査の結果、ＡＰＵ防火壁の強度と垂直尾翼上部の強度が似通っていること、正確には、ＡＰＵ防火壁の強度は、垂直尾翼上部の強度より若干弱かったために、ＡＰＵ防火壁の破壊がはじまり、その破壊中に垂直尾翼の破壊もはじまったと考えられます。もし、ＡＰＵ防火壁の強度が、垂直尾翼の強度より十分弱く作られていたら、あるいは、垂直尾翼がもう少し内圧に対して丈夫に作られていたら、ＡＰＵ防火壁の破壊だけで済んだ可能性があります。

11．後部圧力隔壁壊れ→ＡＰＵ脱落→垂直尾翼吹き飛びにかかる時間はどのくらいでしたか？

・事故調査報告書から読み取れる胴体後部の破壊順序を時系列でまとめると次頁のようになります。これによると、最大でも5秒未満で破壊したことになります。時間は、すべて18時24分××秒です。

・□の範囲は、この時間帯にそれぞれの破壊、現象が生じていることを表しています。

前記時系列の破壊順序を図に示すと次頁のようになります。

事故調査報告書の飛行記録、音声記録の解析結果を元に、機体後部、垂直尾翼の破壊順序を推定すると次頁のようになります。

なお、破壊の正確な時刻の特定は困難で、いずれも少し推定幅があることをご理解ください。図に示す番号は、破壊の順序を示しています。

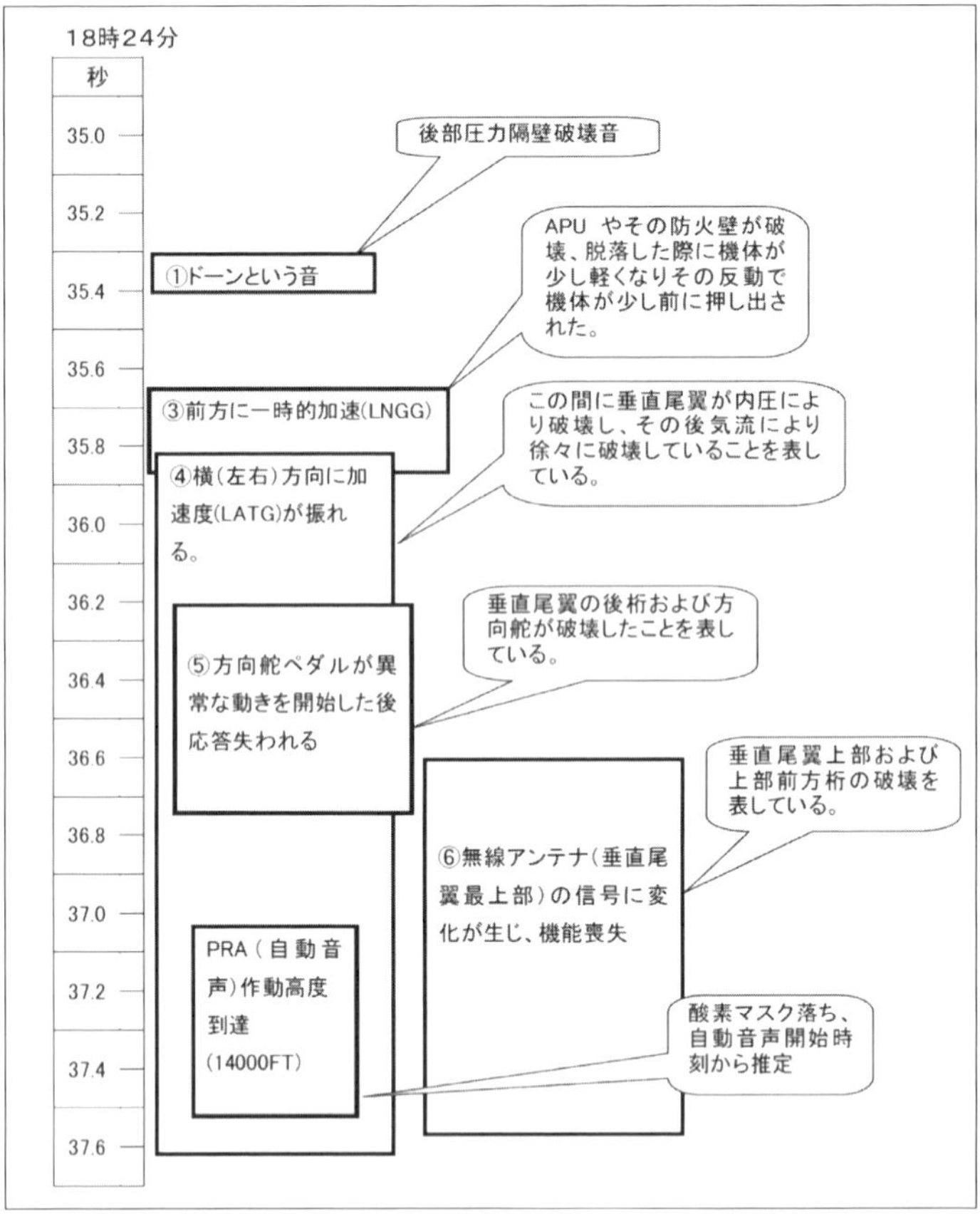
18時24分
秒
35.0
35.2
35.4
35.6
35.8
36.0
36.2
36.4
36.6
36.8
37.0
37.2
37.4
37.6
後部圧力隔壁破壊音
①ドーンという音
APU やその防火壁が破壊、脱落した際に機体が少し軽くなりその反動で機体が少し前に押し出された。
③前方に一時的加速(LNGG)
この間に垂直尾翼が内圧により破壊し、その後気流により徐々に破壊していることを表している。
④横（左右）方向に加速度(LATG)が振れる。
垂直尾翼の後桁および方向舵が破壊したことを表している。
⑤方向舵ペダルが異常な動きを開始した後応答失われる
垂直尾翼上部および上部前方桁の破壊を表している。
⑥無線アンテナ（垂直尾翼最上部）の信号に変化が生じ、機能喪失
PRA（自動音声）作動高度到達(14000FT)
酸素マスク落ち、自動音声開始時刻から推定

①後部圧力隔壁上部が、修理ミスによる疲労亀裂がもとで一気に破壊した（破壊ときの音が音声記録装置に記録されています）。

②後部圧力隔壁の直後方下にあるプレッシャー・リリーフ・ドアが開いたが、後部圧力隔壁の破壊の大きさがはるかに広範囲であり、圧力を十分逃がす程の大きさでなかった（墜落

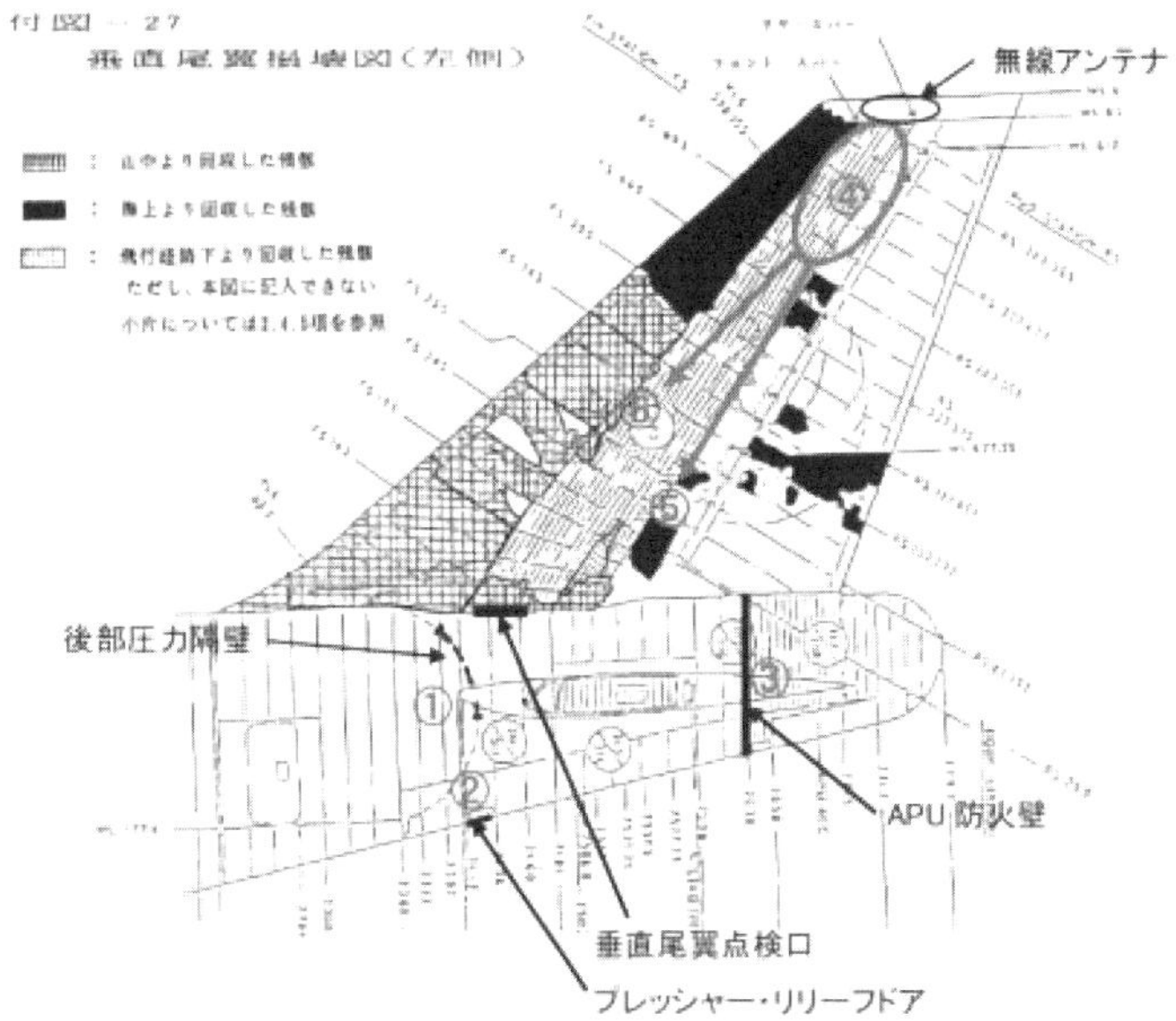

現場から回収されたリリーフ・ドアは、明らかに空中で開いた傷跡があります）。

⇧：プレッシャー・リリーフ・ドアが勢いよく開きヒンジが外板にぶつかり、変形させている。

③APU防火壁が、前方からの空気圧により後方に破壊し、APU自体も脱落した。（計算、実験結果から、垂直尾翼より内圧に対して少し弱く作られており、か

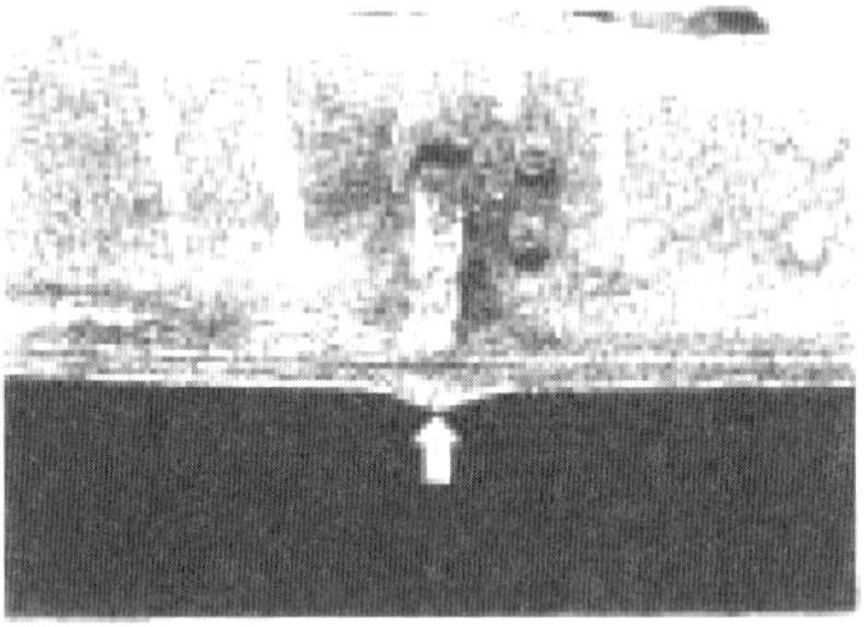

つ飛行記録の前後方向の加速計（ＬＮＧＧ）が一時的に前に加速されていることを示している）

④垂直尾翼点検口を通過した空気が垂直尾翼上部を内圧により破壊した。（計算、実験結果から、垂直尾翼下部は、丈夫に作られており、空気圧では破壊しないと推定されている。上部は、内圧により破壊することが実験、計算によって確認されている。上部が破壊する際、飛行記録装置には機体の左右の加速を示す動きが記録され始めている。

⑤垂直尾翼上部が内圧により破壊した後、垂直尾翼の強度が弱まり、方向舵を取り付けている垂直尾翼後桁が、外部空気等により捩じられたりした結果破壊した（このとき方向舵ペダルが異常な動きを開始した後応答が失われている。ペダルと方向舵は、ケー

ブルでつながっており、破断したとともに、4系等ある油圧パイプもすべて破断した）。
⑥⑤とほぼ同時に破壊が進行したと思われるが、若干遅れて破壊したと推定する（垂直尾翼前方下部は、墜落現場から回収されていること、垂直尾翼最上部に取り付いている通信アンテナの応答が、方向舵の応答が失われた後も若干の時間、働いていた〈アンテナの配線は、垂直尾翼の前方桁に沿っている〉）。

なお破壊順序は、いずれも重なり合いながら短時間に進んだことを示しています。

12. 爆発音の後パイロットは最後まで何が起きたのかわからなかったの？

音声記録から、操縦室では、油圧がすべて失われたこと、操縦不能に陥ったことを認識したことは読み取れるのですが、これがどのような理由で生じているのか判断するのは操縦室では極めて困難であったと思います。ただ、そのような極めて困難で限られた情報の中で、パイロット、客室乗務員は最後まで全力を尽くしたと思っています。

13. 水平尾翼が墜落地点から離れたところで回収されているのはなぜ？

123便は、はじめに「一本から松」で右に約30度傾いた状態で樹木にぶつかり右主翼端の部品を落下させながら続いて通称「U字溝」のところで、右に約45～50度傾いた状態

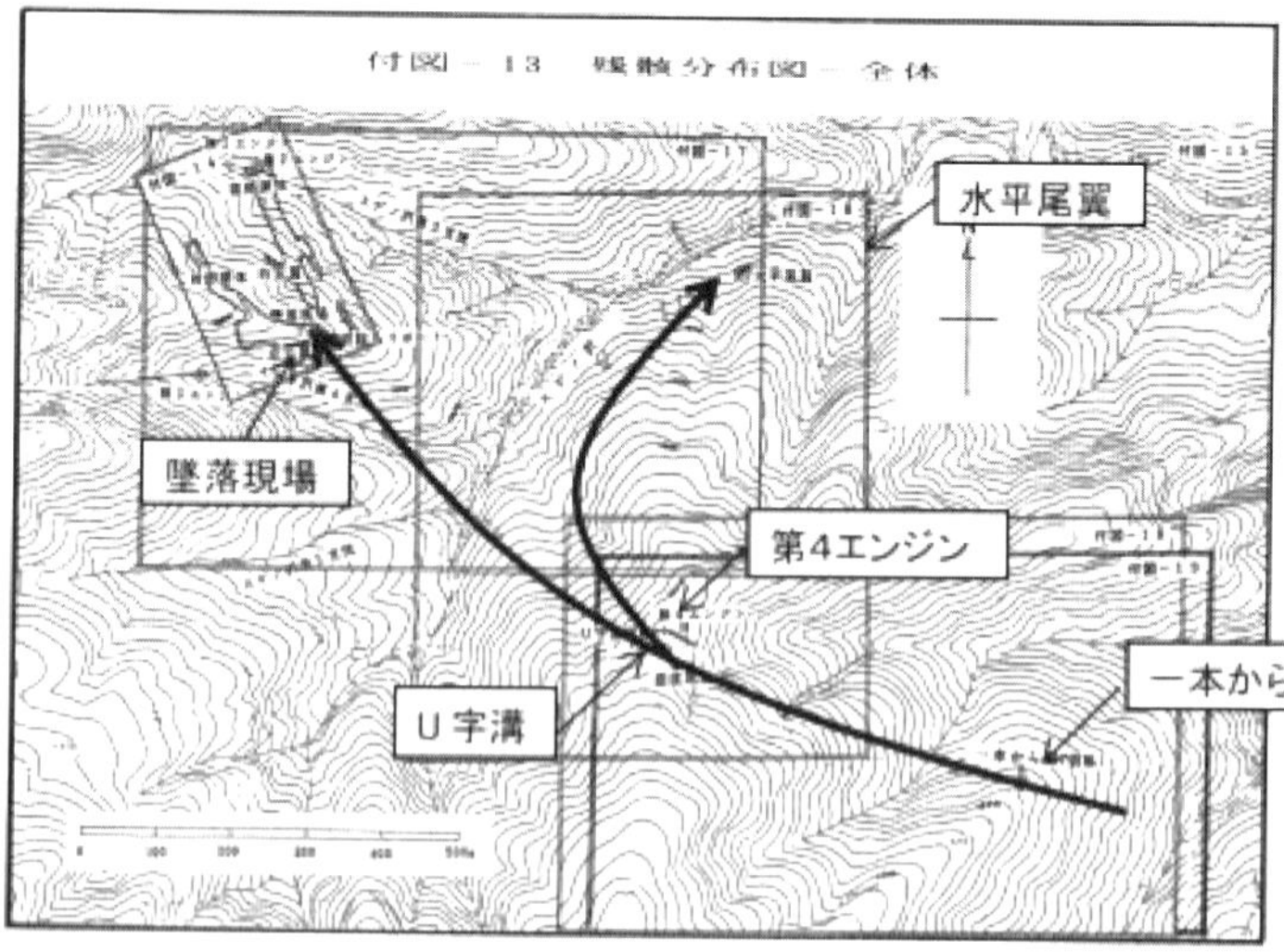

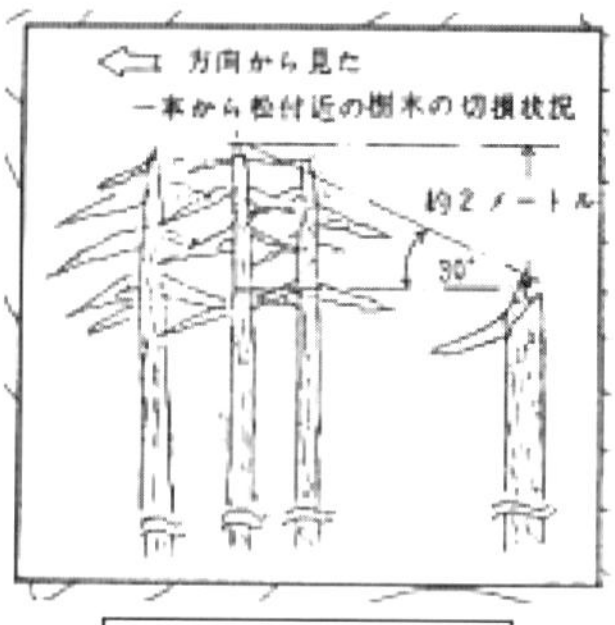

一本から松の樹木

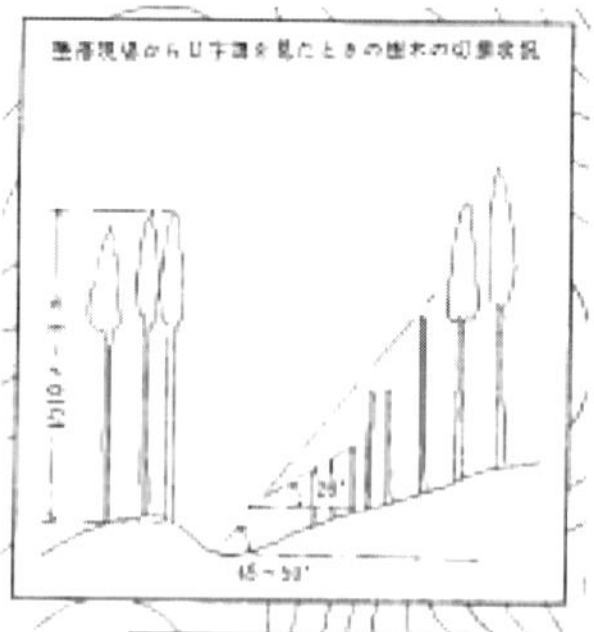

U字溝の樹木

でぶつかり、ここで右主翼の一部と共に、残った垂直尾翼の前縁部、一番右外側についている第4エンジンが脱落しています。さらに、ここで水平尾翼も樹木にぶつかり、機体本体部分から離脱したと考えます。水平尾翼は翼の形をしていますので、その運動エネルギーで関連部品を落下

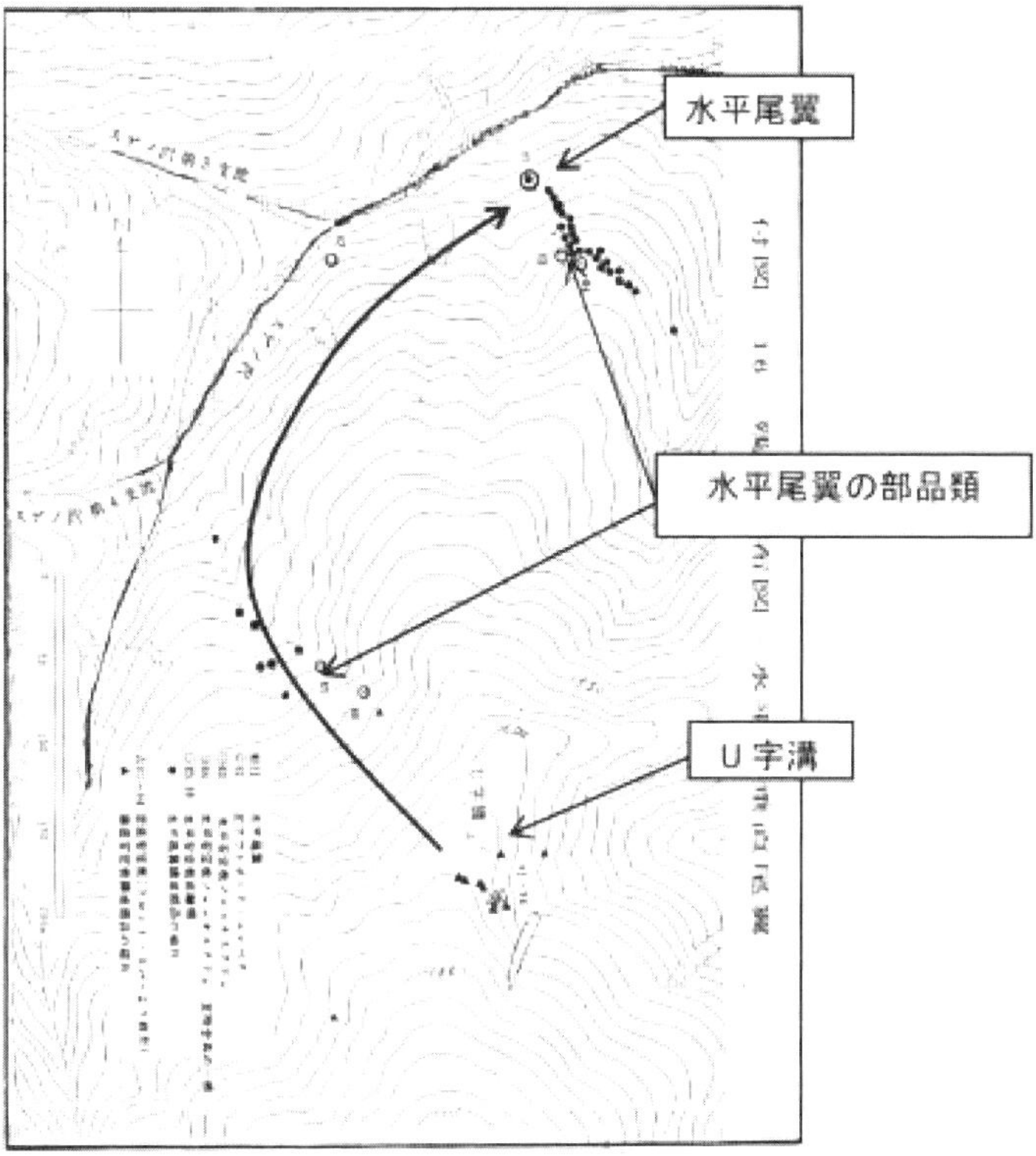

させながら右前方に飛んだと推定されます。エンジンは、飛ぶような形をしていませんので、その位置にとどまったと考えられます。

　なお、エンジンやフラップ、翼主脚は、地上の大きな障害物等に衝突した場合、主翼内の燃料タンクが破壊し火災が発生するのを防止するために切り離す構造（ヒューズ・システム）になっています。

　また、墜落地点から右に大きくはなれた地点から回収された水平尾翼中央部に

写真－97　水平安定板センター・セクションの中央区画

内部の操縦索に断熱材が付着しているのが認められる。

後部圧力隔壁前方（客室内）に取り付けられている断熱材の一部が付着しています。同様に、水平尾翼が回収された地点で、客室最後部のトイレの天井パネルの破片も発見されています。

これは、水平尾翼が胴体本体から離脱したU字溝以前に、すなわち空中で、後部圧力隔壁が破壊していたことを表しています。

14．123便は、横田基地に着陸しようとしていたとの話がありますが？

私の専門ではありませんが、音声記録から読み取る限り、所沢にある東京管制からの123便への交信に対し、「羽田（木更津）までのレーダー誘導」を要求しています。またこの間に、横田基地より「横田への着陸受け入れ準備ができている」と123便に墜落直前まで何度も呼びかけていますが、１２３便からの応答はありません。このことから判断する限り、少なくても横田基地への着陸を１２３便は意図していたようには思えません。

15．油圧システムがすべて喪失しても、エンジン推力等で着陸が可能だったのではないかとの意見を聞きますが？

私は、パイロットの経験はありませんので、操縦に関する専門的なことはわかりません。その上で、一般論として、この話は１２３便の後に発生した全油圧システム喪失の２例（１９８９年に発生したエンジン爆発のユナイテッド航空ＤＣ10事故の例、２００３年に発生したミサイル攻撃によるＤＨＬ―Ａ３００事故の例）と比較しての話ではないかと理解しています。これらの事故の報告書等によれば、この２例は、いずれも１２３便事故またはＤＣ10事故からエンジン推力操作である程度操縦が可能となることを学んだり、シミュレータで経験していたそうです。

１２３便の場合は、減圧が生じたり垂直尾翼の破壊で方向維持が不安定であった上に、事前情報が全くありません。事前情報やシミュレータによる経験があった場合、すなわち予習があった場合とない場合では前提条件がかなり異なっており、これらを単純に比較することはできないと考えています。

16. 結局、後部圧力隔壁の修理ミスはなぜ起きたの?

もっとも大きな疑問と思います。事故調査報告書にもなぜ修理ミスが起きたのかに関する記述がありません。事故調査委員会は、修理を実施したボーイング社の関係者に聴取を試みたと思いますが、国家間の問題で実施できなかったと聞いています。

本来、このような大事故に対し推測でものを語るのは避けなければなりませんが、私はもともと機体構造を専門に担当していましたので、個人的な見解としてあえて意見を述べさせていただきます。

はじめに事故の経緯を説明しますと１２３便事故機であるＪＡ８１１９は、１９７８年６月２日、大阪空港着陸時、胴体後部を滑走路にぶつける、いわゆる「しりもち事故」を起こしました。これに対し、大阪で日本航空の整備陣が仮修理を行い本格的な修理（恒久修理）は、製造メーカーであるボーイング社に依頼して羽田の整備格納庫で実施されました。当時は、大きな損傷事故が起きた場合、航空会社の手で修理するというより、製造メーカーにその修理を依頼するというのが一般的でした。

修理個所の一つである、後部圧力隔壁下部のゆがみに対しては、後部圧力隔壁（厚さ１ミリ弱のアルミ合金）の下半分を新しいものと交換するという方法が取られました。この交換作業の際、上と下の後部圧力隔壁を本来２列の鋲（リベット）で接合するのですが、一部に

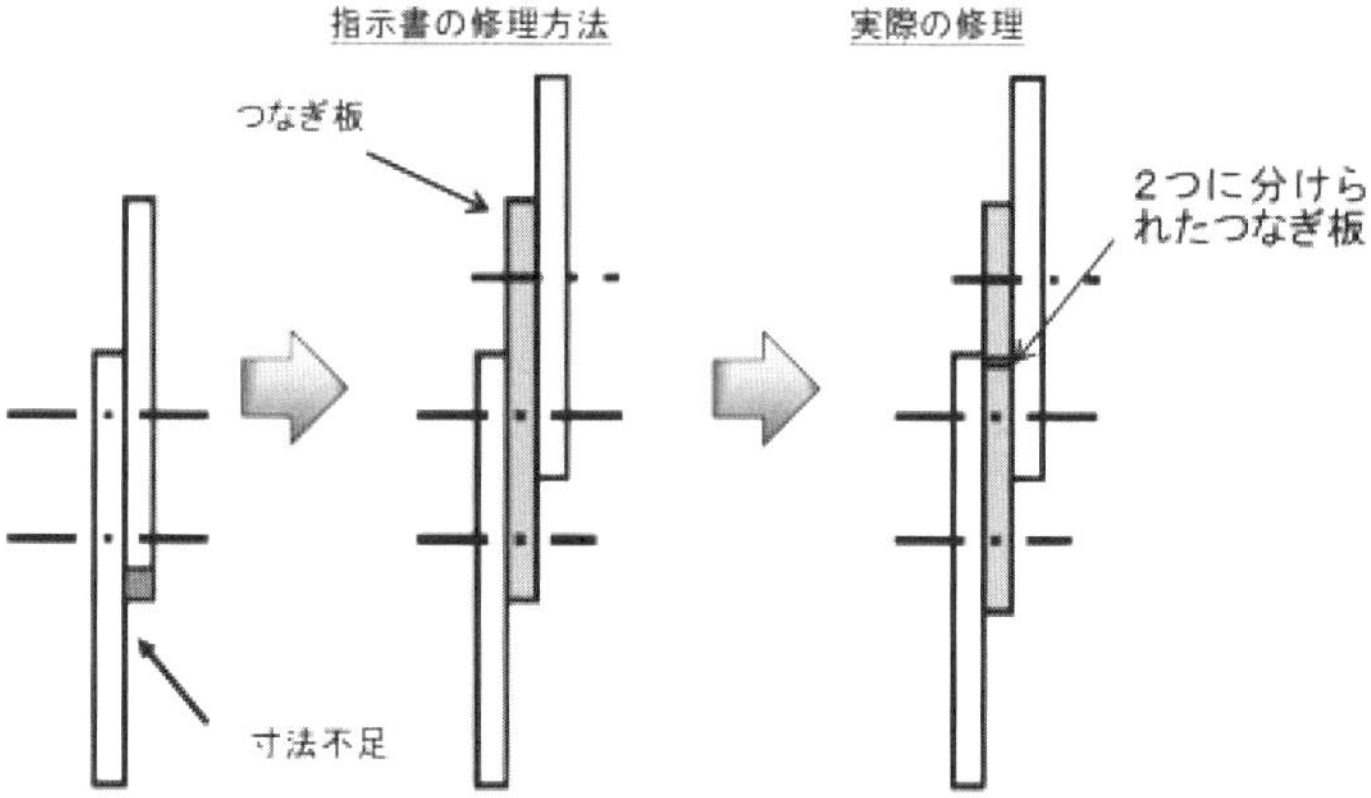

２列を留めるだけの十分な寸法が得られない場所があることがわかり、ボ社の技術者がその処置方法を記述した修理指示書を出しました。なおこの処置方法は特殊なものでなく、構造部の寸法不足のときに行われるごく一般的なものでした。

ところが、実際に行われた修理は、指示書とは異なり、間に入れるべきつなぎ板は一体でなく、なぜか２つに分けられていました（図参照）。

通常では考えられない修理でした。事故当時私は、米国シアトルにあるボーイング社の７４７強度計算部門で研修生として働いており、単純な修理なのに、なぜ一枚のつなぎ板をわざわざ手間のかかる２つに分けたのか理解に苦しみました。帰国後、いろいろな１２３便事故に関する資料を見ている中で、問題の修理指示書のコピーを見たとき、「わかりにくい指示書だな」と感じました。実際の指示書は、図のように丁寧に描かれてなく、単に線で引いた私の感覚からいうと丁寧さに欠けたものでした。これも間違った指示書ではありませんが、個人的には作業者が指示書を忙しい作業の中で見間違った可能性があるのではと思いました。もちろん本当のところはわかりませんが、もっと親切、丁寧に描かれていたなら、見間違う可能性はもっと低かったのではないかと思っています。

　さらにそこに至った遠因として、夏場の繁忙期前に修理を完了させたいとの思いから、修理を急いだことが影響していたのではないかと思っております。

　また、事故調査報告書では、修理ミスに至った原因については、ボーイング社の聴取が行えなかったことにより記述されていませんが、責任追及でなくあくまでも再発防止策としてヒューマン・ファクター的な見地からの考察があってもよかったのではないかと思っております。

8．運輸安全委員会の解説書

※次頁（240頁～）より全文を掲載します。

日本航空123便の御巣鷹山墜落事故に係る航空事故調査報告書についての解説

（62-2　日本航空株式会社所属ボーイング式747SR-100型JA8119、群馬県多野郡上野村山中、昭和60年8月12日）

はじめに

昭和60年8月12日に発生した日本航空123便の御巣鷹山墜落事故については、航空事故調査委員会が調査し、昭和62年6月に航空事故調査報告書を公表しました。この報告書で、事故は、後部圧力隔壁の不適切な修理に起因し、隔壁が損壊したことにより、胴体後部・垂直尾翼・操縦系統が損壊し、飛行性能の低下と主操縦機能を喪失したために生じたと推定しています。

これに対し、「圧力隔壁が損壊した場合には、客室内に猛烈な風が吹き抜けるはずであり、また、室温も低下するのに、生存者はそのようなことはなかったと証言している」また、「急減圧があったならばパイロットは酸素マスクを付けるように訓練されているのに付けていないのはなぜか」等の疑問が寄せられています。そして、「圧力隔壁損壊による急減圧はなかったのではないか」、事故原因は圧力隔壁の損壊ではなく、「機体構造の不良によるフラッタによる垂直尾翼の損壊等が事故の原因ではないか」という主張や「自衛隊のミサイルが当たって墜落した」という主張も出ています。

これまで航空事故調査委員会においては、ご遺族の皆さまに対して、必ずしも十分な説明がなされていなかったため、皆さまの123便報告書の内容に対するご疑念に応えてこられなかったことについて、率直にお詫び申し上げます。

航空事故調査委員会は、組織再編を経て平成20年に運輸安全委員会となりましたが、その際に、情報の提供に関して、「被害者及びその家族又は遺族の心情に十分配慮し、これらの者に対し、当該事故等調査に関する情報を、適時に、かつ、適切な方法で提供する」ことが法律上明記され、事故等調査の実施に当たっては、適時適切に被害者等の皆さまにご説明を行うこととしております。

今般、123便報告書に関しまして、ご遺族の皆さまの疑問点についてできるだけ分かりやすく説明するために、本事故の被災者家族である美谷島邦子氏、河口真理子氏、技術的アドバイザーとして日本ヒューマンファクター研究所主任研究員（元B747機長）本江彰氏及びB747の技術に携わってきた元JALの小林忍氏からご協力をいただきまして、123便報告書の解説を作成しました。

本資料では、事故調査報告書に記載されている事故原因や客室内の風や温度等についての疑問について、正確性の点では少々劣るかもしれませんが、できるだけ分かりやすく説明するとともに、その他の要因が関与した可能性についても触れます。分かりやすくするために、市販図書からの引用、報告書の表現の変更及び図面の誇張等もありますが、航空事故調査報告書に新たな解析や原因の推定を加えるものではありません。

当時は、事故の原因は調査しても、事故による被害をどうすれば軽減させることができたのかについてまで調査を行うようになっていなかったことから、捜索救難の状況については詳細の記載がありませんでしたが、現状で分かる範囲での捜索救難についての解説を加えました。

さらに、当時実施した機体残骸の海底調査とはどういうものだったのか、調査海域や調査の手法等についての解説を加えました。

ご遺族の皆様に、本解説をお読みいただき少しでも123便報告書に関する疑問点の払拭に役立てることができれば幸いです。

さいごに、運輸安全委員会においては、本年4月15日に、福知山線列車脱線事故調査報告書に関わる検証メンバーから国土交通大臣に対して提出された「運輸安全委員会の今後のあり方についての提言」に基づいて、今後の業務の改善を図っていくこととしております。同提言中にも、被害者への情報提供の充実等についての考え方が述べられております。事故調査における被害者の視点への配慮という、世界的な動きの中で、提言の考え方を踏まえつつ、私どもの機関も着実に変わっていけるようご支援いただければ幸いです。

平成23年7月

運輸安全委員会事務局長
大須賀　英郎

目次

用語の解説

APU（Auxiliary Power Unit）：補助動力装置。主エンジンを駆動していないときに発電機等を駆動するための小型のエンジンで、機体の最後尾に装備してある。

CVR（Cockpit Voice Recorder）：操縦室用音声記録装置。操縦室（コックピット）内の乗員の会話・管制との交信・計器盤の警報音等を録音するための装置のことで、航空事故等が発生した場合の事故原因を解明するために搭載されている。これには、4チャンネルあり、①機長、②副操縦士、③航空機関士、④操縦室内に設置されたマイクロフォンで収録した、操作音・警報音・会話・異常音等の音をそれぞれ録音できるようになっている。

DFDR（Digital Flight Data Recorder）：飛行記録装置。航空機の飛行状態、エンジン等の重要システムの状態、及び乗員の操作状況を記録する装置をいい、事故発生時の原因究明に必要なデータを得るために搭載している。

GPS（Global Positioning System）：全地球測位システム。人工衛星を利用して正確な位置を測定することができる。

NTSB（National Transportation Safety Board）：アメリカ合衆国における輸送（航空機、鉄道、船舶、高速道路、パイプライン）に関する事故及び重大インシデントを調査し、原因を究明し将来の事故を防止する目的で勧告等を行う独立した国家機関。

PRA（Pre Recorded Announce）：緊急時に自動的に放送されるあらかじめ録音された内容の放送のこと。客室の気圧が高度14,000フィート以上の気圧に達すると、自動的に酸素マスクが落下し、PRAが放送される。

psi　：圧力の単位。一平方インチ当たりに加わる重量（ポンド）。1気圧＝14.696 psi。

V_D（Dive Velocity）：設計急降下速度。設計上、急降下という最も速度が出る場合を想定した速度。

アクチュエータ：方向舵等を動かす油圧作動筒。

ダイバージェンス：気流のエネルギーによる構造破壊のこと。

ダイヤフラム：表面の変形により周囲の気圧変化を感知する密閉された容器。

トーション・ボックス：大きな力に耐えられるような箱桁（ボックス・ビーム）構造のことで、垂直尾翼の中央部がこの箱桁で構成され、垂直尾翼に加わる荷重の大部分を受け持っている。

フラッタ：強風下で旗がはためくように、気流のエネルギーを受けて発生する破壊的な振動のこと。

客室高度警報：与圧が加えられている客室の気圧が、何らかの理由で低下し、限界である高度8,000フィートの気圧を超え、高度10,000フィート以上の気圧となったときに作動する警報のこと。

1．報告書における事故原因の説明

本事故は別添1のような時系列で発生しておりますが、報告書によると事故の原因は、後部圧力隔壁の不適切な修理に起因した疲労亀裂が発生、進展し、その強度が低下したことで客室の与圧に耐えられず遂には損壊し、これに引き続く垂直尾翼等の損壊により、飛行性能や主操縦機能が低下したことによるものと推定しています（本文p128、4.2)。原因に挙げられたそれぞれの項目を、時間の推移に沿って並べると、次のようになります。

時間の推移から見た事故原因

事故前　昭和53年の尻もち事故により損傷した後部圧力隔壁の不適切な修理

→　同隔壁に疲労亀裂が発生

→　点検整備で発見されず、疲労亀裂が進展

→　同隔壁の強度低下

事故直前　→　客室与圧に耐えられず同隔壁の損壊（開口）

(→　開口部から流出した客室与圧空気による尾部胴体の内圧上昇)

(→　APU防火壁、APU本体及び尾部胴体構造の一部損壊・脱落)

(→　垂直尾翼・油圧操縦系統の損壊)

→　飛行性能の低下、主操縦機能の喪失　→　事故

※（）内は、本文4.1から抜粋

これらの事故の原因を推定した主な根拠としては、次のものがあげられています。

・同隔壁の接合部分に1列リベット(留め鋲)の結合部分が認められた。(本文p101、3.2.2)
・同隔壁の1列リベットの結合部分に疲労亀裂が多数発見された。（本文 p105、3.2.3.1）
・DFDR記録に、約11トンの前向き外力に相当する前後方向加速度が記録されていた。（本文p77、3.1.7.1、別冊p95、1.1.1）
・客室内に霧が発生したとの証言があった。（本文p73、3.1.4.1）
・与圧室内の断熱材が与圧室外で発見された。（本文p107、3.2.3.5）

上空で後部圧力隔壁が損壊すると、機内（与圧室内）には、客室与圧が短時間で飛行高度の大気圧まで減圧するという急減圧が発生します。その際の機内では、与圧室内の空気の断熱膨張（外界との熱のやりとりが無い状態での気体の膨張）に伴い気温が急激に低下し、霧が発生し、機内には強風が吹くことを推定しています（別冊付録p57、付録4-3.1)。付録の基準ケースでは、約7秒の間に機内気圧は0.4気圧まで低下し、気温は約－40℃まで急激に低下し、その間、機内ではほぼ10m/秒の風が吹いたという具体的な数値の例を挙げています。

急減圧とは

急減圧という用語は、報告書において付録 10 低酸素症に係る行動変容の調査・試験及びそれを引用した本文において使用しています（本文 p95、3.1.11.1）。ここでは、高度 650 フィート相当の気圧から約 5 秒間で高度 24,000 フィート相当の気圧まで減圧する状況について、急減圧の用語を使用しています。

与圧される航空機において、緊急又は異常事態の一つとして使用される急減圧（RAPID DEPRESSURIZATION 又は RAPID DECOMPRESSION 等）という用語は、単に客室高度（機内与圧）に異常が生じた（酸素が必要とされる 10,000 フィートを超え警報が作動した）状況ではなく、客室高度が急上昇（機内与圧が急降下）しているという客室高度の異常に対して使用されています。軍用機では、攻撃等により機体に大穴が生じ一瞬のうちに機内高度が上昇する爆発的急減圧の事態も想定されていますが、一般においては、そのような事態も含めて、客室高度が目に見えて上昇していくような場合については、全て急減圧という用語を使用しています。本解説においても急減圧の用語は、爆発的急減圧だけでなく客室高度が急上昇（機内与圧が急降下）している状況全てについて使用しています。

2. 最近の急減圧の事例

客室内の風や温度の説明の前に、最近の急減圧の事例（米国 NTSB/ ID:DCA09FA065）を紹介します。

概要

2009 年 7 月 13 日、米国において 35,000 フィートを飛行中のサウスウエスト航空 2294 便(B737-3H4)において、客室の天井（座席 20 列目付近）に約 $0.135m^2$ の穴が開き、急減圧が発生した。同機はすぐに緊急降下を行い、近くの空港に緊急着陸した。

同機には、非番の同社の機長 2 名が客室に搭乗しており、18 列目付近の座席に座っていた彼らの証言は次のようなものでした。

私は、突然脱出用スライダーが膨らむときのような大きな破裂音を聞き、大きな風切り音がこれに続いた。私は、すぐに急減圧を知覚したが、耳の苦痛がほとんどないのに驚いた。後で他の乗務員に聞いても、それはとても小さい痛みだったと言った。ハリウッド映画と違い、何も飛ばされず、誰も穴に吸い込まれることはなかった。座席に置かれた書類もそのままだった。客室がやや冷え、薄い霧を見たが 5 秒ほどで消滅した。

この証言から、実際に急減圧が発生した際の機内の状況は、乗務員を含めて一般的な理解とは大きく異なるのではないでしょうか。これをまとめてみると、次の表のようになります。

表1　急減圧時の機内現象についての実際の体験と事故前の認識（推定）

機内現象	実際の体験	事故前の認識（推定）
耳の痛み	急減圧を知覚したが、耳の痛みはほとんどないのに驚いた。	激しい耳の痛み
風	風は感じない。 座席の書類もそのまま。	激しい風。 機内の物品が舞い飛び、人が穴に吸い込まれる。
温度	やや冷えた。	急激な気温の降下に凍える。
霧	薄い霧が発生したが約5秒で消滅した。	濃い霧が発生し継続する。

以上のように、上空で機体に穴が開くと映画等のイメージのように穴から猛烈な勢いで空気が機外に出ていきますが、機内は必ずしも映画のような状態にはならず、穴から少し離れると客室内での風はそれほど激しく吹かず、寒さもあまり感じません。

3. 急減圧に要する時間の説明

上空で与圧した機体に穴が開いた場合、急減圧の程度（所要時間）は、与圧室の容積と穴の大きさによって全く異なります。次の表とグラフは、事故機と同じB747、これより小さいエアバスA300及び戦闘機について、同じ大きさの穴が開いた場合の急減圧の程度を比較したもので、市販の図書（「壊れた尾翼　日航ジャンボ機墜落の真実」加藤寛一郎　著）から抜粋したものです。表には、本事故の基準値としている穴の面積と時間及び前述の急減圧の事例に出てきたB737-3H4もその大きさから比例配分して追加しました。

表2　急減圧後、客室（与圧室）内の高度が10,000フィートに上昇するまでの時間（概算）

機体	仮定		高度10,000ftに達するまでの時間
	胴体容積	穴の面積 （流れの断面積、図2のA）	
B747	60,000 ft^3（1,700 m^3）※	1 m^2	2.4 秒
		1.8 m^2	1.7 秒
A300	30,000 ft^3（850 m^3）	1 m^2	1.2 秒
戦闘機	150 ft^3（4.25 m^3）	1 m^2	0.006 秒
		0.09 m^2	0.06 秒
		0.01 m^2	0.6 秒
B737-3H4	9,900 ft^3（280 m^3）	1 m^2	0.40 秒
		0.135 m^2	2.9 秒

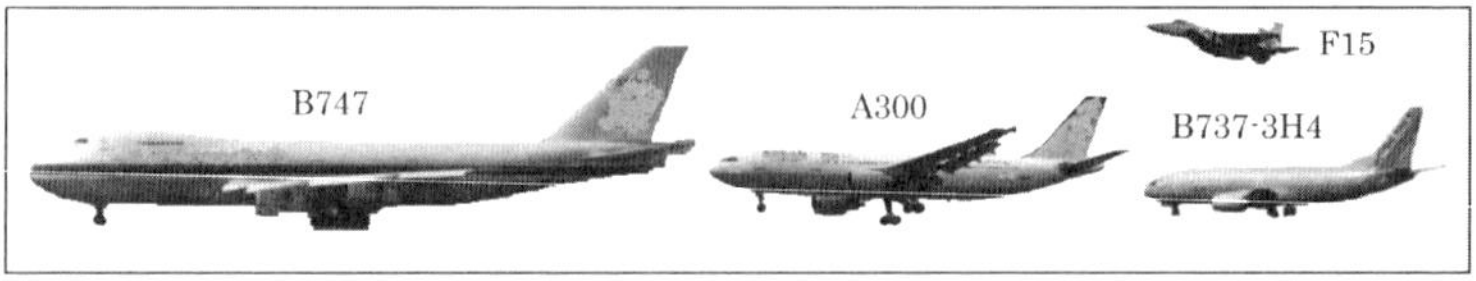

※ 報告書では、B747の与圧室容積を約1,600 m^3としていますが、ここでは、出典図書の数値をそのまま引用しています。

図1 急減圧後、客室（与圧室）内の圧力の推移

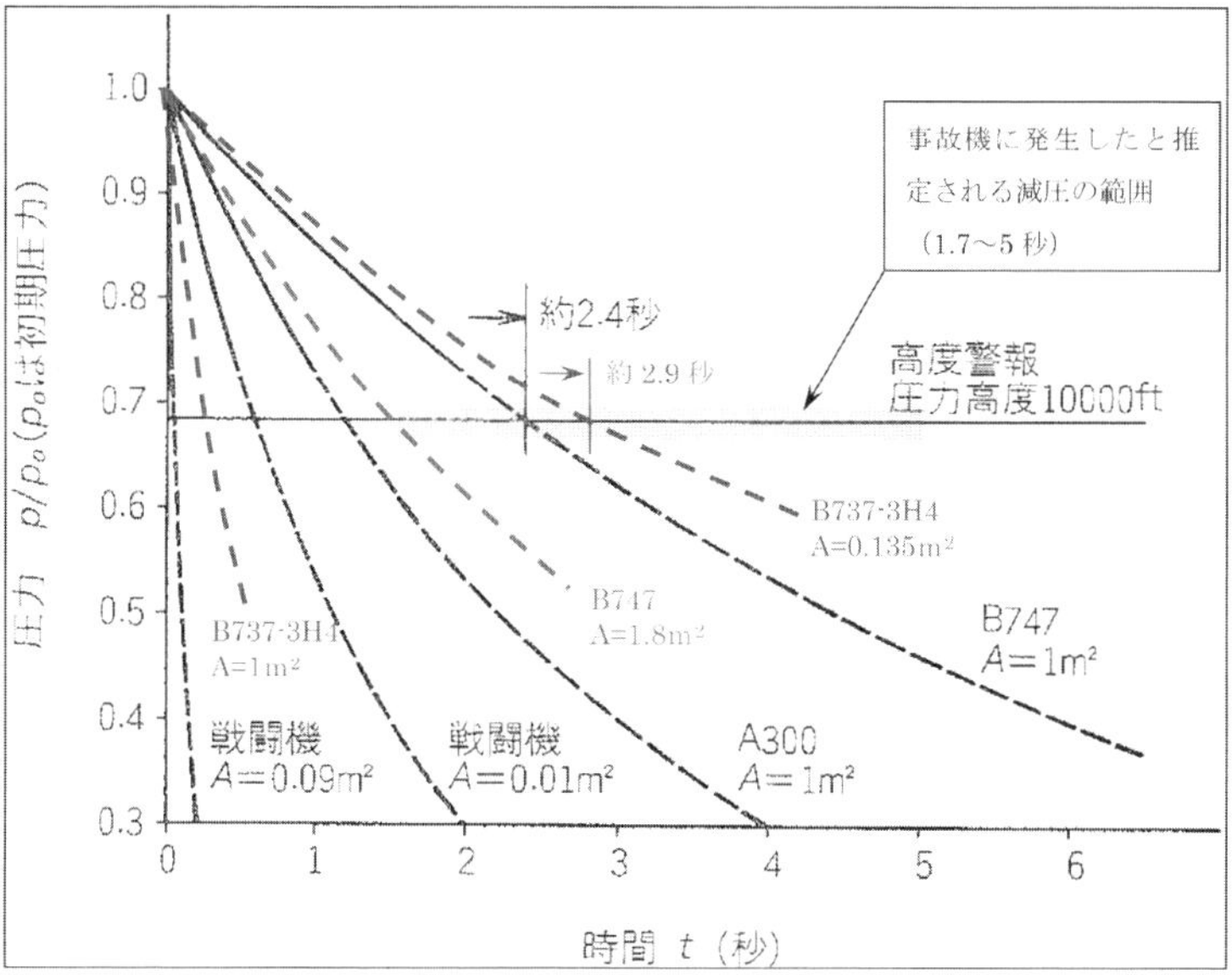

図1のとおり、急減圧の程度は機体の大きさと穴の大きさによって決定的に異なりますが、当然、それぞれの急減圧の程度に応じて、機内に発生する現象が全く異なることは、容易に想像できます。

報告書付録4では、垂直尾翼等の破壊に至るような隔壁の破壊が発生したときに機内与圧高度が10,000フィートに上昇するまでの時間を、基準のケースでは約1.7秒（別冊p73、付録4-付図-4）、緩やかな減圧時のケースでは約5.0秒（別冊p85、付録4-付図-8）としております。表2のとおり、前述、B737-3H4の急減圧事例の場合は約2.9秒となり、報告書の基準のケースと緩やかな減圧時のケースとの間の範囲に入っています。つまり、事故機で発生した機内の現象は、この急減圧事例と似通った状況にあったと考えるのが妥当です。また、この状況は、生存者の証言とも一致しています。

また、本事故の翌年、土佐湾上空でタイ国際航空機A300において爆発物の爆発により後部圧力隔壁が破壊され急減圧となった事故が発生しました。急減圧となる前に、後部化粧室内で発生した爆発により、一時的に客室及び客室床下区域の圧力が高くなった可能性も考えられる特殊な事例であるため、これと原因の異なる他の急減圧事故とは機内に発生する現象が異なるのは当然と考えられます。

なお、当該機の乗客 88 名が航空性中耳炎となった原因については、当該事故調査報告書によれば急減圧後の同機の急降下の際の急激な気圧上昇によるものであると推定されています。

それでは、どうして急減圧の発生とともに生じるはずの風や温度低下を客室にいる人があまり感じないのかを、以下で説明します。

4. 風の強さについての説明

(1) 水での説明

空気の前に、水の場合で考えてみましょう。

深さがどこも同じという川の場合、幅 10m の場所では幅 20m の場所の 2 倍の速さで川の水は流れます。(流体力学の連続の法則)

図 2　川の例

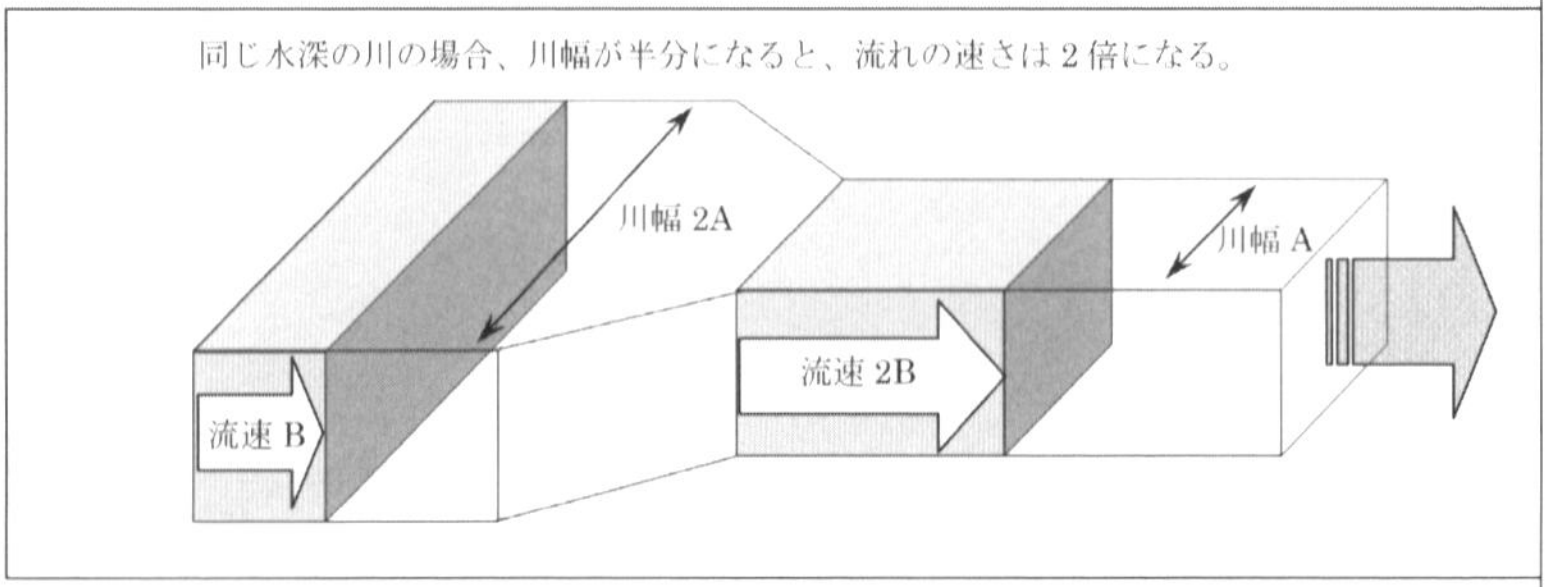

次に、プールの排水口の場合を考えてみましょう。

縦横 32cm 程度の排水口の面積は、約 $0.1m^2$ です (0.32^2)。

プールの深さが 1.3m の場合、1m 離れた場所では、約 $4.0m^2$ に広がります $(2\pi r/2 \times 1.3 \fallingdotseq 3.14 \times 1 \times 1.3 \fallingdotseq 4.0)$。

排水口に吸い込まれる水の流れがどこも一定と仮定した場合、1m 離れた場所の水の速さは、約 1/40 になると考えられます $(4.0 \div 0.1 \fallingdotseq 40)$。

図3　プールの例

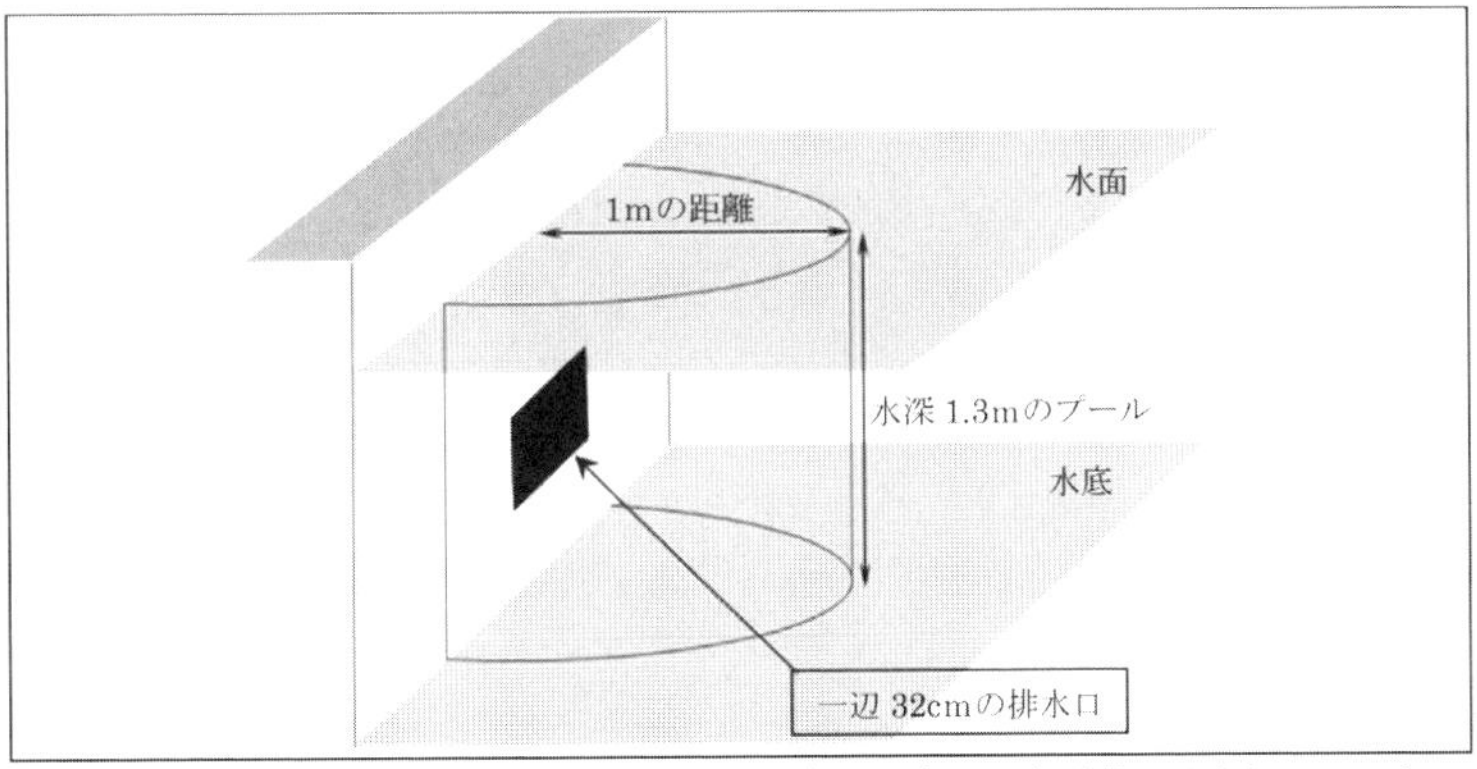

実際に、プールで排水中、排水口間近では激しい流れで水が吸い込まれていても、少し離れるだけで水の流れをほとんど感じません。

水と空気の違いはありますが、上記プールの例を前述のB737-3H4の例に当てはめ考えてみましょう。

開口部の面積は0.135m^2、非番の機長は開口部から2m離れた場所に着座していたとします。半径2mの半球の表面積は、約25m^2になります。

（$4\pi r^2/2 \fallingdotseq 4\times 3.14\times 2^2\div 2\fallingdotseq 25$）

開口部に吸い込まれる空気の流れがどこも一定と仮定した場合、座席付近の風の速さは、約1/185になると考えられます。（25÷0.135≒185）

空気が開口部から音速340m/秒で流失したとしても、着座中の人は1.8m/秒の風しか受けないことになります。（340÷185≒1.8）

図4　天井の開口の例

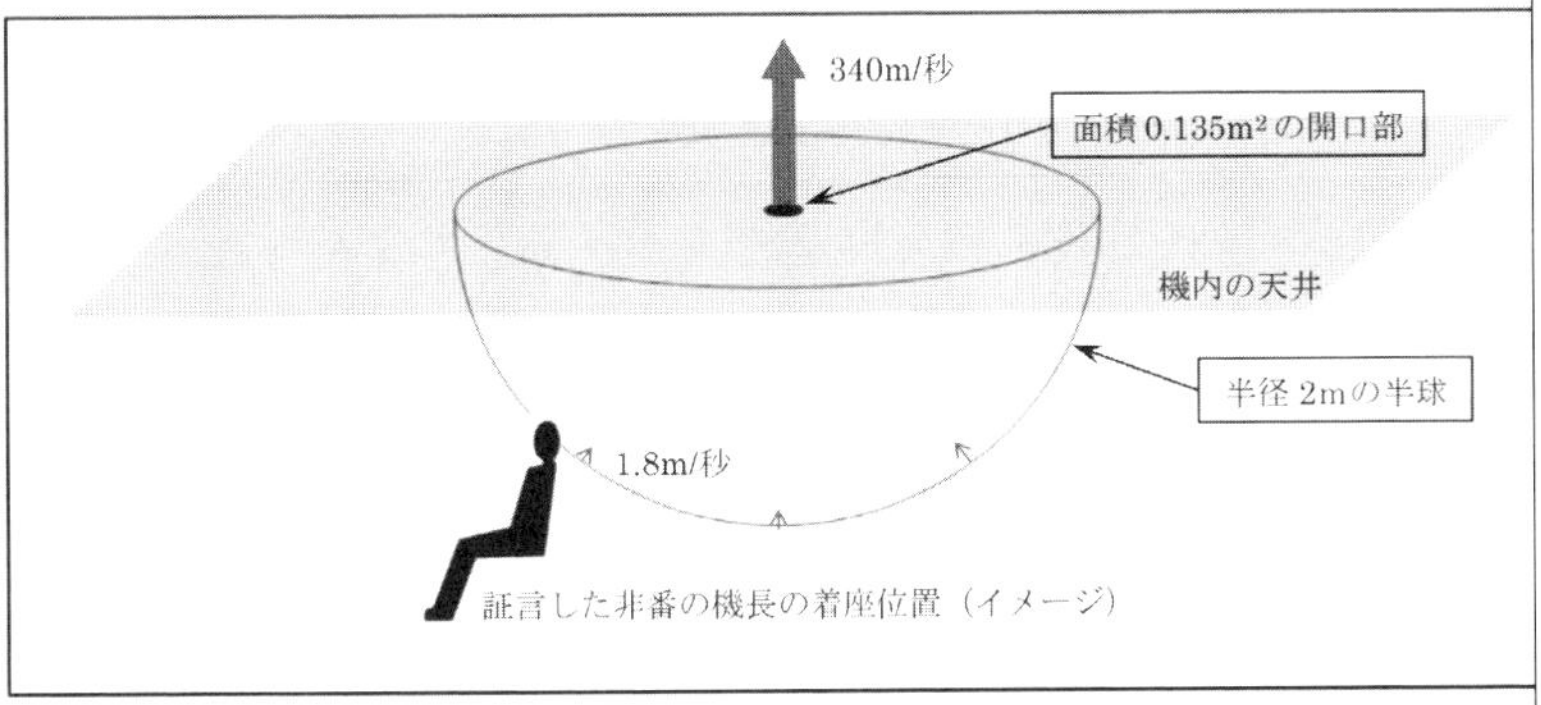

(2) 事故機の場合

図 5 にイメージ図を作成しましたが、後部圧力隔壁の開口面積に比較して客室断面積は広いので、開口部付近では非常に強い風が吹いた場合でも、客室では風は弱まります。報告書では、「隔壁を通過する空気流量から客室内の平均風速を推定できる。客室断面積を 19.6m² とすると風速はほぼ 10m/秒となる。なお、事故機の場合には客室後方にトイレなど流れを妨げるものがあるから、風速は天井の上側で大きく、座席付近ではこの値よりかなり小さくなる」としています。(別冊 p57、付録 4-3.1)

また、「与圧室の内側に取り付けられている断熱材が、与圧室から後方及び水平尾翼等の内部から相当量発見されたこと」を示しています。（本文 p107、3.2.3.5、本文 p223～225、写真-94～97 ）

図 5　客室の風の説明図

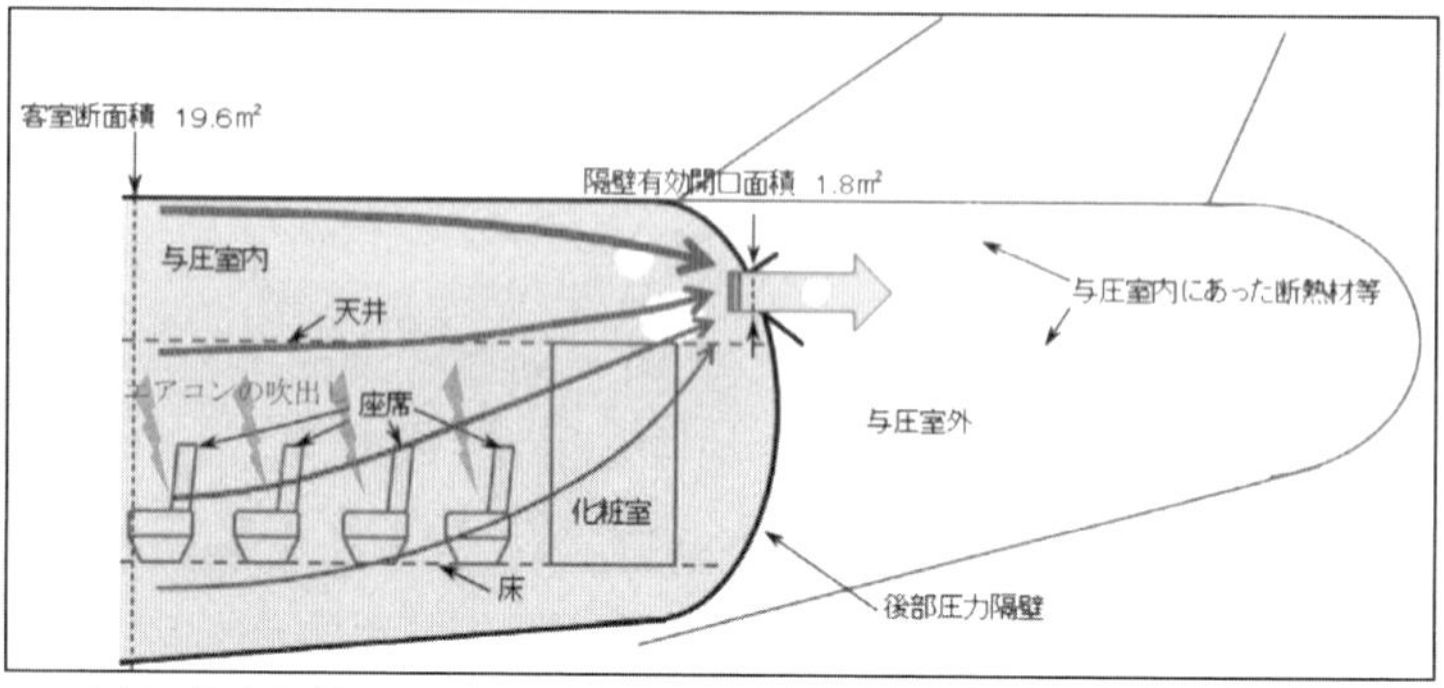

空気の場合も(1)のように、開口部付近では激しい風が吹いていたとしても、広い客室では風は弱まります。さらに、乗客が座る座席付近は、風の主な通り道から外れ、風を遮る装備品等があり、また、乗客はエアコンの吹出し口からの風も受けます。実際の乗客は、異常な風に気付かない可能性もあるのではないでしょうか。

また、与圧室内にあった断熱材等が、墜落地点から約 510m 離れた地点でほぼ一体となって落下していた水平尾翼の中等の与圧室外で発見されたという事実は、飛行中に後部圧力隔壁が損壊し、それによって生じた風が後部圧力隔壁の前方に取り付けてある断熱材等をはぎ取って与圧室外に吹き飛ばしたと考えるのが妥当です。

(3) 10m/秒の説明

報告書には機内の風速として 10m/秒と具体的な数値が上がっております。報告書にある実際の計算とは違いますが、機内の風の状況をイメージするため、図 6 のとおり、ほぼ機体の大きさと同じ断面積 20 m²、長さ 50m の円筒を仮定します。その円筒は、断面積一定、長さは自由に変化するものとします。

① 円筒内には、事故機の飛行中の与圧（約 0.97 気圧）で空気が入っています。

② ①の円筒内の空気が 24,000 フィートの圧力（約 0.4 気圧）まで下がるように円筒を引き伸ばすと、円筒は約 120m になり、70m 伸びることになります（50×0.97÷0.4≒120）。これを事故機と同様に 7 秒間かけて伸ばすと、その速さが 10m/秒となります。（70÷7＝10）

③ 円筒を引き伸ばす際、円筒内の空気が円筒端を追い越すことはあり得ないので、円筒内の風が円筒を伸ばす速さより速くなることもありません。円筒を伸ばす速さを 10m/秒とした場合は、円筒内の風の速さは 10m/秒と同じかそれ以下になるはずです。

図 6　客室の風の説明図

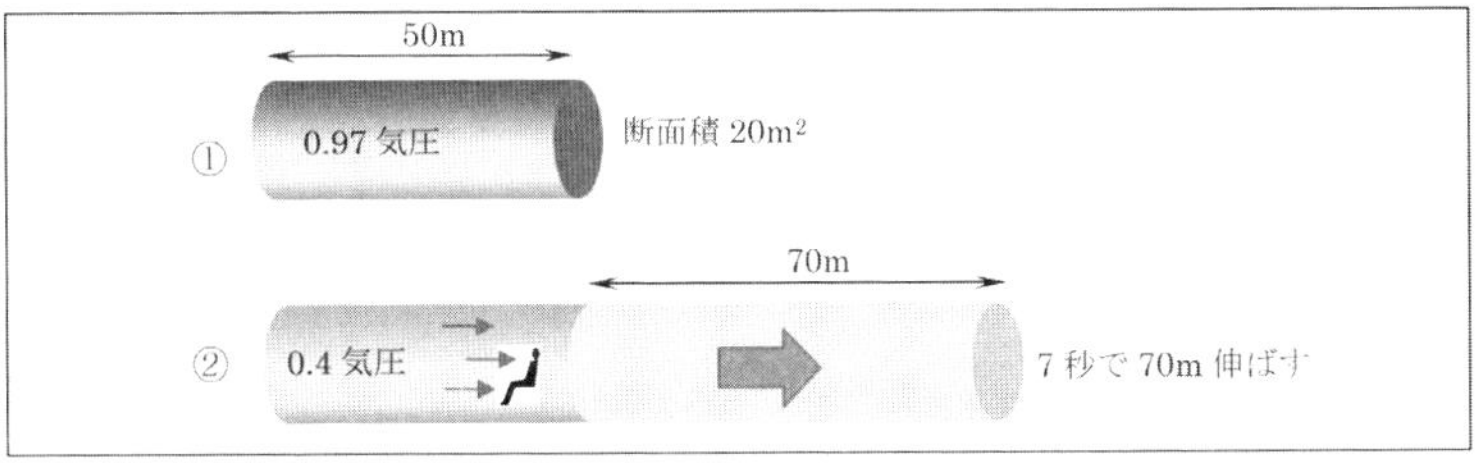

10m/秒という速さの風を日常のものに置き換えてみると、走るとすれば 100m を 10 秒なので、オリンピックの 100m 走の選手の顔に当たる風になります。時速でいうと 36 キロになるので、一般道を比較的ゆっくり走る車から手を出したときに感じる風になります。バイクに乗る人であればよくイメージできるかと思いますが、目は十分に開けることができるような風です。このような風の強さと時間では、酸素マスクが降りてマスクを着用しなければならないという緊急事態の中で、客室にいる人が急減圧の発生とともに生じるはずの風に気付かなかったとしても不思議ではないのではないでしょうか。

(4) 有効開口面積の広さの説明

図 7 のとおり、圧力隔壁が損壊し隔壁の一部が非与圧側へ折れ曲って開口したことは確かでも、どの程度折れ曲って開口したのかははっきり分かりません。そのため、図 8 のように報告書では、色々なケースを想定し、計算しています。

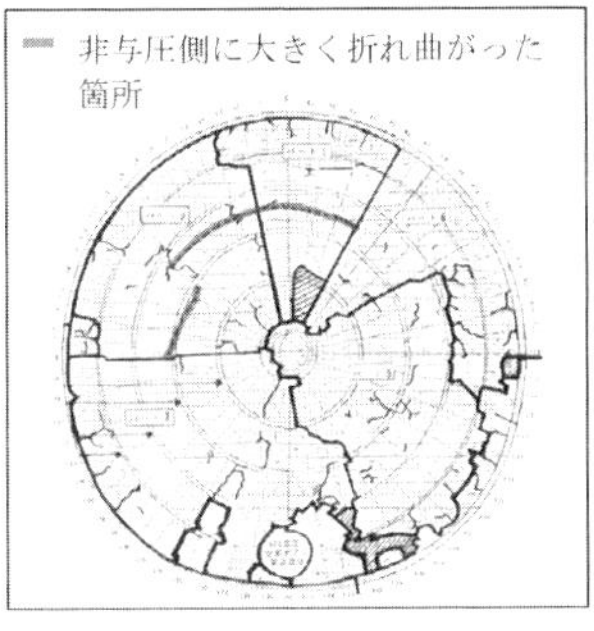

図 7　後部圧力隔壁損壊図

（本文 p168、付図-32 参照）

図８　後部圧力隔壁の開口部の例（左から見た断面図）

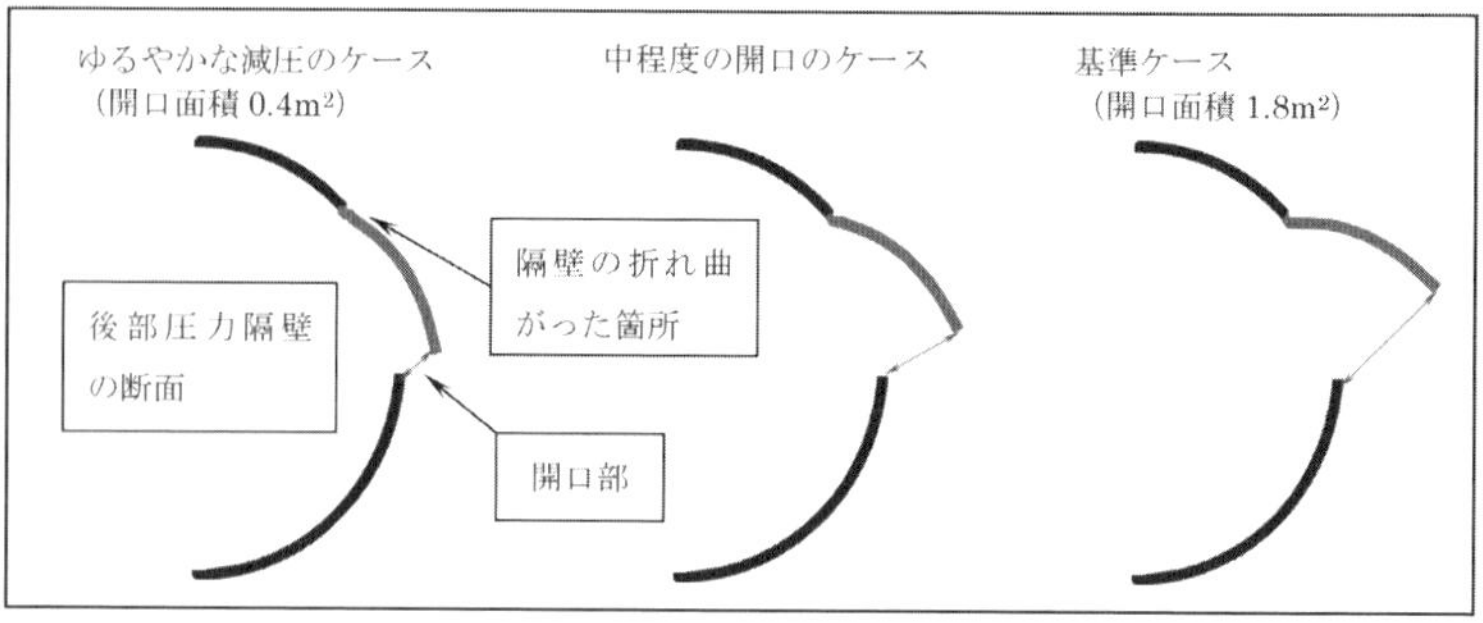

垂直尾翼及びAPU防火壁とも損壊するという圧力条件（これより内部圧力の上昇が小さいと垂直尾翼は破損しない）のもとでは、後部圧力隔壁の開口面積が最も小さい場合は$0.4m^2$となります。しかし、警報音が作動した状況等から開口面積$1.8\ m^2$を基準のケースとしているものです。

5. 温度の説明

(1)　機内の温度に関する情報

①　生存者の口述によれば、客室内に霧が発生したことがわかります（本文 p73、3.1.4.1）。これは断熱膨張による急激な気温の低下があったことを示しています。

②　事故機のエアコンは、地上気圧では約７分間、0.4気圧（高度24,000フィートの気圧）では約３分間で、機内の空気と同じ量の空気を供給する能力があり、隔壁破壊の約７秒程度後に室内外の圧力が同程度となって空気の膨張が止まった後、機内の気温は急速に回復したと考えられます。

[エアコンの空気供給量が機内の空気量と同じになるまでの時間Ｔの計算]

供給速度Ｃ；4.8 kg/s（報告書付録４ p57）、与圧室容積Ｖ；約$1,600\ m^3$（報告書付録４ p64）

地上の空気密度ρ；$1.293\ kg/m^3$（標準状態STP、１気圧、0℃）、

T_0；地上（１気圧）の場合、$T_{0.4}$；0.4気圧の場合

$$T_0 = V\rho/C = 1{,}600\times1.293\div4.8 \fallingdotseq 431\text{秒} \fallingdotseq 7\text{分}$$

$$T_{0.4} = 0.4V\rho/C = 0.4\times1{,}600\times1.293\div4.8 \fallingdotseq 172\text{秒} \fallingdotseq 3\text{分}$$

(2)　寒さの体感の説明

①　基準ケースにおける温度回復の簡単なシミュレーションを実施したところ、図９のとおり、室温は、概ね２分後には0℃、３分後には10℃、５分後には20℃程度まで回復するという計算結果が出ています。

② 急減圧中の約７秒間が過ぎた以後は風が吹かないわけですから、寒い日でも風がなければ外に出ても急には寒く感じないのと同様に、

③ 座っている座席や天井も25℃のままですし、日当たりの悪い室内よりも日当たりのいい屋外の方が暖かいと感じる場合があるのと同様に、

④ 通常時であれば、温度低下を感じるかもしれませんが、酸素マスクが降りてきて、マスクを着用していた事態であり、また、上記①に記述したように短時間での温度回復があったとも考えられるため、生存した方々が温度の低下に気付かなかったとしても不思議ではないのではないでしょうか。

図９ 温度回復のシミュレーション

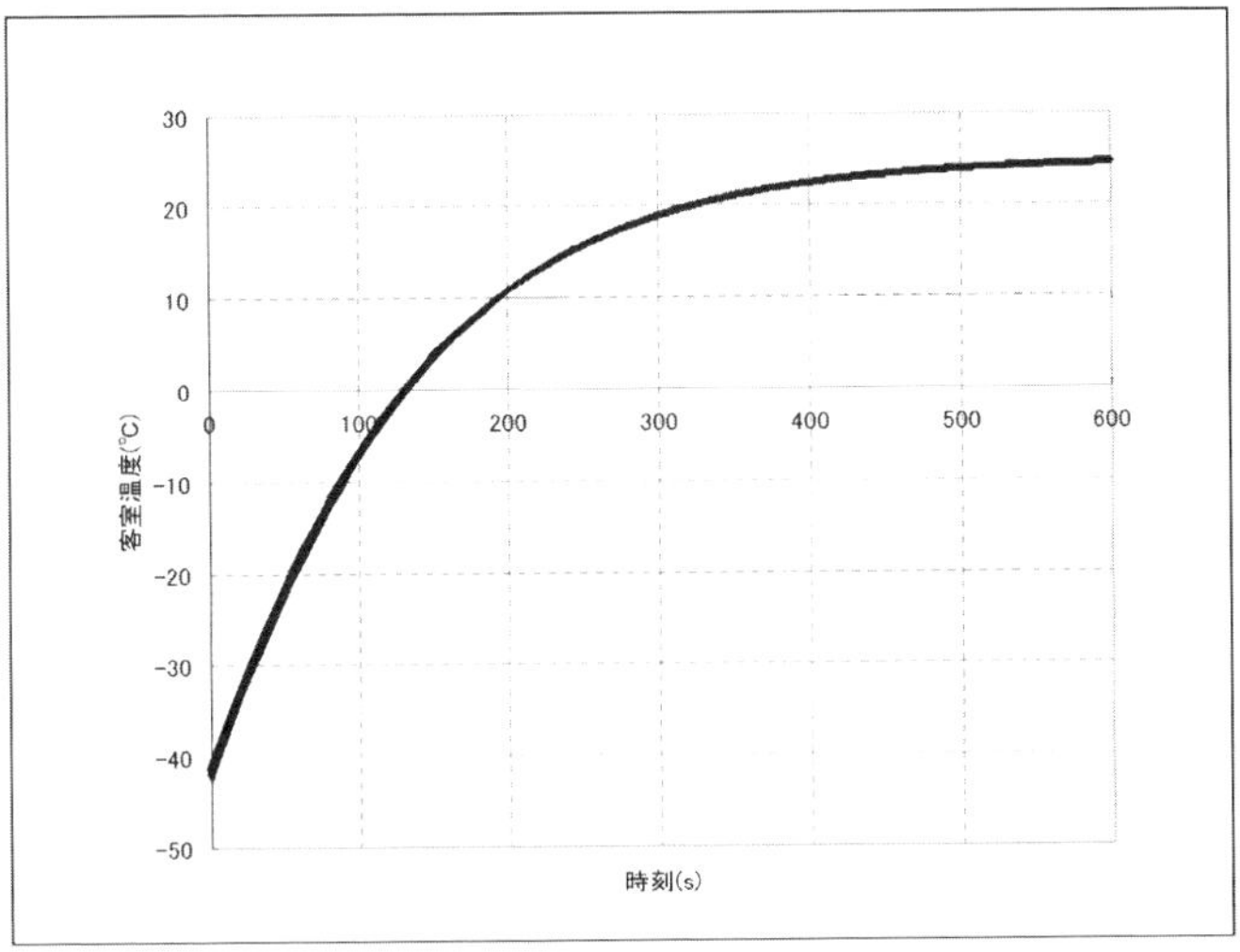

断熱膨張とは

気体は、膨張させると温度が下がり、圧縮すると温度が上がります。この原理を使っているのがエアコンです。冷房の時は冷媒（フロンガス等）を圧縮し、熱くなった冷媒を室外機により外気で冷やします。このやや冷えた冷媒を元の気圧に戻すと冷たくなり、この冷えた冷媒を使って室内機で室内の空気を冷やします。

このように、気体を圧縮や膨張させると気体の温度は上がり下がりしますが、ゆっくり時間をかけて圧縮・膨張を行うと、熱が外に逃げたり、逆に外から熱が入ってきたりするので、気体の温度は余り上がり下がりしません。断熱膨張とは、熱が外から余り入ってこない程度の短い時間で気体を膨張させることを言います。

事故機の場合は、機内の体積が大きいため、１０秒程度で機内の空気が膨張したとしても、外からの熱の流入による室温への影響が少ないので、「断熱膨張」の状態にあったと考えられます。

このため、減圧の早さが少々違っていても、低下する客室の温度はあまり変わらないということになります。

6. 低酸素症とパイロットが酸素マスクを着けなかった理由

(1) パイロットの低酸素症に関する情報

① ３名の運航乗務員（機長、副操縦士、航空機関士）は、報告書では、「CVR の音声記録から、与圧なしで 20,000 フィート以上の高度を酸素マスクを使用せず約 18 分間飛行したとみられる」としています。（本文 p88、3.1.9(2)）

② 報告書では、CVR に残された、事故機のパイロットの以下のような言動が低酸素症と関連があるとみられるものとして列挙されています（本文 p88、3.1.9(2)）。

a 乗員等の声の周波数に低酸素症の徴候（高調波が不明瞭なもの）が多い。

b 20,000 フィート以上の高度を飛行中、乗員間の会話が極端に少ない。

c 航空機関士からの酸素マスク着用の提案に、機長は返事のみで行動に移さない。

d ジャパンエア東京からの呼び出しに対してすぐに応答せず、東京か大阪かの判別がすぐにできない。

e 異常発生後、約 10 分が経過し（18 時 35 分ごろ）、機長の語調が強くなった。

③ 報告書では、低圧チャンバー（減圧室）による実験から、「作業遂行能力低下が顕著でない被験者・同乗者も存在したことから低酸素症の発症については経過時間、程度等にはかなりの個人差があると考えられる」としています（本文 p98、3.1.11.2(3)、別冊 p180、付録 10-4.3）。

また、前述市販図書でも「有効意識時間は、とくに問題の高度付近では、人によって大きなばらつきがある」としています（別添２）。

④ 報告書には記載してありませんが、白い煙と同時に酸素マスクがおりてきてマスクをしないと息苦しかったという証言があり、乗客の中には気を失っていた人もいたという証言もあります。減圧に弱い人が、気を失っていたのかもしれませ

ん。

報告書では、「運航乗務員は低酸素症にかかり、知的作業能力、行動能力がある程度低下したものと考えられる」としています（本文 p127、4.1.7.3）。

(2) パイロットが酸素マスクを着けなかった理由（報告書から）

報告書の「４章結論」では、「異常事態発生後間もなく、運航乗務員は機内の減圧を知り得たものと考えられる。運航乗務員は最後まで酸素マスクを着用しなかったものと推定されるが、その理由を明らかにすることはできなかった」（本文 p126、4.1.7.2）としていますが、そこに至るまでの経過を「３章事実を認定した理由」に記載してありますので、それを詳しく見ていきたいと思います。

本文 p114、3.2.7.2 (1) で、「運航乗務員は異常事態発生後間もなく客室高度警報及び客室高度計の指示等によって機内の減圧状態を知り得たものと考えられる。しかしながら、CVR には異常事態発生直後における運航乗務員の減圧という緊急事態に関する呼称（Call out）等の記録がなく、したがって減圧の際に当面とるべき措置も行われなかったものと考えられる」とあります。客室高度警報及び客室高度計は航空機関士のパネルにあるので、航空機関士は急減圧を認知できたと考えられるにもかかわらずそのことを宣言せず、運航乗務員 3 人は、酸素マスクの着用から始まる緊急措置を行わなかったとしています。

同機の減圧が前述 B737-3H4 のような激しくない急減圧であったことを考慮すると、この時点では、航空機関士が急減圧を認知していたとしても、機長及び副操縦士がそれを認知していたとは限りません。

本文 p115、3.2.7.2 (2) では、「同機の緊急降下の実施については、CVR 記録によると 18 時 25 分 21 秒に同機から東京コントロールに対する高度 22,000 フィートへ降下の要求があり、また、18 時 26 分 36 秒以降には緊急降下の意向を示す発言や緊急降下中という送信も繰り返し記録されているが、DFDR 記録によれば、同機が実際に降下を始めたのは 18 時 40 分以降である。

このように当時の運航乗務員が機内の減圧状態を知りながら 22,000 フィートへの降下を要求したのみで、安全高度の 13,000 フィートへの緊急降下を行わず、与圧なしで約 18 分間高度 20,000 フィート以上の高度で飛行を継続したが、その理由を明らかにすることはできなかった。

しかしながら、当時の運航乗務員が異常事態発生初期においてはその発生原因の探求に、また、その後は飛行姿勢の安定のための操作に専念しており、緊急降下に移行しなかったことが考えられる」と記載しています。本文 p309～、別添 6、CVR 記録を詳細に見て行くと、18 時 26 分 27 秒「(CAP) ハイドロ全部だめ？(F/E)はい。(CAP)ディセンド。(COP)はい。(F/E)ディセントした方がいいかもしれないですね。

(COP)ディセンド」、同28分14秒「(F/E)下がりましょう」、同30分28秒「(F/E)オキシジェン・プレッシャーどうですか？オキシジェン・マスクおっこってますか？」、同30分55秒「(F/E)オキシジェン・マスクがドロップしているから」、同31分08秒「(F/E)オキシジェン・マスクがドロップしてます」、32分32秒「(F/E)マスクは一応みんな吸っておりますから」、同33分00秒「(COP)ディセントしますか？少し」、同33分35秒「(F/E)キャプテン。(CAP) はい。(F/E)アールファイブのマスクがストップですから…エマジェンシー・ディセント やった方がいいと思いますね。(CAP)はい。(F/E)マスク我々もかけますか？ (CAP)はい。(COP)はい。(CAP)･･･。(F/E)オキシジェン・マスクできたら吸った方がいいと思いますけど。(CAP)はい」とあります。また、客室高度警報音又は離陸警報音は同25分04秒からずっと鳴り続いております。副操縦士の音声には「緊急降下中」のPRA及びパーサの乗客に対する酸素マスクの使用等に関する緊急事態の放送が記録されていますが、機長の音声にはそれらは記録されていません。

機長が最初に指示した22,000フィートへの降下は、緊急降下とは言えないものです。機長はその後も降下を指示していますが、具体的な高度の指示はなく、それが緊急降下を意味しているのか通常の降下を示しているのか明確ではありません。航空機関士は、最初は降下を進言していましたが、同30分55秒から酸素マスクが落ちていることを伝え、同33分35秒（異常発生から9分後）には、明確に緊急降下と酸素マスクの着用を進言し、副操縦士もそれに同調しています。機長はこれには同調しているので、少なくともこの時点では酸素マスクが必要な事態であることを機長は認知したはずですが、何も指示を出さずマスクの着用という処置も執っていないことがわかります。

本文 p88、3.1.9(2)(ｲ)では、「航空機関士から二度にわたり酸素マスクの着用が提案されているのに、機長はいずれも「はい」と答えたのみで、その措置をとらなかったとみられること」が低酸素症の発症と関連があるとみられるものとして挙げられています。

本文p115、3.2.7.2(3)では、「･･･従来からその着用について教育訓練を受けている運航乗務員が、減圧状態に直面しながらも酸素マスクを着用しなかったことについては、その理由を明らかにすることはできなかった。

しかしながら、3.1.11の試験結果にもみられるように個人差はあるものの同機に生じたとみられる程度の減圧は人間に対して直ちに嫌悪感や苦痛を与えるものではないので、乗務員は酸素マスクの着用について心に留めつつも飛行の継続のために操縦操作を優先したものと考えられる。･･･」とあり、酸素マスクの着用についての教育訓練を受けている運航乗務員が酸素マスクを着用しなかった理由を明らかにすることはできなかったとしながらも、同機に生じた程度の減圧では操縦操作を優先したものと考えられるとしています。

本文 p117、3.2.7.5(3)には、「当時同機の左操縦席には副操縦士が位置して機長業務を行っており、また、機長は右の副操縦士席に位置して副操縦士の業務を行っていた。異常事態発生後は CVR 記録にみられるように、機長の指示により副操縦士及び航空機関士との連携による操作が行われ、機長が運航に関するすべての指示及び初期の通信業務を行い、副操縦士は主として操縦に専念していたものとみられる。また、航空機関士は機長の通信業務を補佐し、代替系統による脚下げ及びフラップ操作とパワーコントロールに協力していたものとみられる」とあり、運航に関しては全て機長の指示のもと、副操縦士は機体の操縦、航空機関士はその補助等を連携して行っていたとみられるとしています。

本文 p118、3.2.7.5 (6)には、「異常事態発生後の運航乗務員は、教育・訓練及び知識・経験の範囲外にある異常事態に陥ったために、また、異常事態の内容を十分に把握できなかったために、さらに機体の激しい運動と減圧という厳しい状況におかれていたために、その対応について判断できないまま、飛行を安定させるための操作に専念したものと考えられる」とあり、想定外の異常事態への対応に判断できないまま操作に専念していたと考えられるとしています。

以上をまとめると、まず機体に異常が発生して間もなく、運航乗務員、この場合、航空機関士は急減圧を知り得たものと考えられますがそれを宣言せず、機長と副操縦士は急減圧を認知していたかどうかわかりませんが、酸素マスクの着用も緊急降下もしないまま、運航乗務員全員で想定外の異常事態へ対応しているうちに時間が過ぎました。機長は降下すると言ってはいますが、実際には降下しなかったため、異常発生から 9 分後になって遂に航空機関士が、急減圧の宣言ではありませんが明確に、緊急降下と酸素マスクの着用を進言し、副操縦士もそれに同調しました。機長もこれに同意し、少なくともこの時点では機長も酸素マスクが必要な事態であることを認知したはずです。にもかかわらず、同機の急減圧の程度であれば操縦操作を優先したのか、操作に専念して酸素マスクを着ける余裕がなかったのか、或いは、既に低酸素症を発症しており正常な判断ができなかったのか、結果として最後まで酸素マスクをつけることはなかったとしています。運航乗務員が酸素マスクを装着しなかった理由について、このように考えられる理由を示してはいますが、結論としては明確ではなかったとしているものです。

7. 客室高度警報音の説明

報告書では、18 時 24 分 35 秒に異常事態発生後、PRA の作動について別冊 p159、付録 8-1(3)では、「・・・（PRA の）警報用検出器の作動スイッチの作動時刻は、PRA の 1 回目の開始時刻よりおよそ 6.7 秒から 7.0 秒前の 18 時 24 分 38 秒（異常事態発生後 3 秒）ごろと推定される」としています。一方、警報音の作動状況について別冊 p160、付録 8-2 では、「異常事態発生直後において、客室高度警報音とみられる警報音が 18 時 24 分 37 秒（異常事態発生後 2 秒）に約 1 秒間（3 回）しか鳴らず、その後約 27 秒間停止し、再び 25 分 04 秒（異常事態発生後 29 秒）から鳴り出したことについては、その理由を明らかにすることはできなかった」としています。このように、報告書では明らかになっていませんが、永年 B747 の技術に携わってきた元 JAL の小林忍氏から、概略以下のような内容の説明がありました。

(1) 客室高度警報音か？離陸警報音か？

客室高度警報音と離陸警報音は、同時に作動することはないという思想で同一の警報音を使用しており、区別はつきません。離陸警報が作動するためには、左右の各主脚にあるセンサーの少なくとも 1 個が、脚上げ位置から脚が移動したことを感知する必要があります。上空では、主翼脚は機械的に上げ位置に固定され、胴体脚は前後の油圧で上げ位置に固定されますが、その油圧は簡単には抜けない構造となっています。一旦脚が上げ位置に固定されると、振動等で一時的に脚が上げ位置から移動し、センサーを作動させることは困難です。また、事故機の DFDR では、この間、脚は上げ位置にあることが記録されています。したがって、異常事態発生後 2 秒で鳴った警報音は、離陸警報音とは考えられず残った客室高度警報音と考えるのが妥当です。

(2) センサーについて

客室高度警報のセンサーは、操縦室の航空機関士用計器盤の裏側に取り付けられており、ダイヤフラムを利用した機械式のセンサーで、客室気圧が低下して客室高度が 10,000 フィート以上を感知すると警報を作動させます。一方、PRA の警報用検出器のセンサーは、前方貨物室上部に取り付けられてあり、客室高度警報のセンサーと同様の仕組みで、こちらはさらに客室気圧が低下して客室高度が 14,000 フィート以上を感知すると客室の酸素マスクが落下しその後（報告書では感知後 6～7 秒後）PRA が放送されます。

事故機では、異常発生後 9 秒で PRA が開始されているので、異常事態発生後 2～3 秒で PRA の警報用検出器のセンサーが 14,000 フィート以上を感知したことになります。それ以前の異常事態発生後 2 秒に 10,000 フィート以上を感知して客室高度警報音が鳴ったというのは妥当な現象といえます。しかし、客室高度警報音が 1 秒間で停止し、異常事態発生後 29 秒から再び鳴り始めるという不可解な現象が生じました。

一度作動した警報が停止するには、次の 3 つの場合が考えられます。

① 客室気圧高度が 10,000 フィート以下に降下（客室気圧が上昇）した。

② 航空機関士が、客室高度警報音停止ボタンを押した。再び鳴るためには、一度客室高度が 10,000 フィート以下に降下してリセットされ、再度 10,000 フィート以上に上昇する必要がある。

③ ダイヤフラムなどの機械の一時的な故障があった。

これらのうち、PRA の作動等の事故機の状況と矛盾が生じないのは、③ということになります。

客室高度警報のセンサーの機能検査は 4C 整備（4、5 年ごと）、PRA の警報用検出器のセンサーの機能検査は 3C 整備（3、4 年ごと）で実施されるものです。この種のセンサーは緊急時のみ作動するセンサーなので、通常であれば、検査以外では一度も作動することなく、日常的な点検もできないものです。このように通常は作動しない機器なので、本来あってはならないのですが、ダイヤフラム等が正常な動きをせず一時的に故障していた可能性も全くないとはいえません。センサーが故障していたと仮定すると、鳴るべき警報音が鳴らなかった、あるいは、航空機関士が一旦警報音を停止した場合（②）においても、なんらかの理由でリセットされ再び警報音が鳴り出したという説明が可能です。

(3) まとめ

(1)(2)から、異常事態発生後、急減圧となり 2 秒後に客室高度が 10,000 フィートを超え客室高度警報が作動した、しかし、機器の故障又は航空機関士の操作で警報音は 1 秒間で停止した、異常事態発生後 2～3 秒で客室高度が 10,000 フィートを超え酸素マスクが落下し数秒後に PRA が開始された、さらに客室高度は上昇し、異常事態発生後 29 秒に何らかの理由で客室高度警報が正常に戻り又は機器がリセットされ、再び警報音が鳴り始めた、とするのが最も無理がない推論と考えられます。つまり、機器が常に正常であれば説明できない事象ではあっても、総合的に考えると、異常事態発生後、極めて早い時点で急激に客室高度が上昇した、とするのが最も無理がない推論と考えられます。

8. その他の要因が関与した可能性について

フラッタ又はダイバージェンスは機体強度が弱い場合に発生するものですが、報告書では、「ボーイング式 747 型機は、構造・機能が正常な場合はもちろん、系統油圧が低下した場合、あるいは操縦用アクチュエータと舵面との結合が切れた場合にも、方向舵を含む垂直尾翼にかかわるフラッタ又はダイバージェンスが生じないことが機体開発時に実施された解析及び試験で確認されている。また、垂直安定板の剛性が 25 パーセント低下した場合においても、$1.2V_D$ までの速度範囲内ではフラッタ又はダイバージェンスが生じないことも確認されている。･･･DFDR の 3 軸加速度計等の記録及び回収された残骸の損壊状況からは、フラッタ又はダイバージェンスが生じたと推定される形跡は認められなかった」（本文 p70、3.1.2.5）となっております。

また、フラッタは速度が出過ぎたときの方が発生しやすくなりますが、事故機に異常が発生したのは、上昇中であり速度が出ていないときです。

フラッタが発生すると激しい振動が発生するはずですが、DFDR にはそのような記録がなく、CVR の交話や生存者の口述でも、異常の発生は突然の「ドーン」という大きな音から始まっており、フラッタの発生を裏付けるものはありません。DFDR には約 11 トンの前向き外力に相当する前後方向加速度が記録されています。これは、外気より圧力の高い与圧室内にあった空気が、圧力隔壁及び APU 防火壁を破壊し、胴体後端部を分離させて噴出したものと考えられます。

さらに、急減圧がなかったとすると、なぜ霧が出たのかという疑問が解決できません。また、減圧さえなかったとするとなぜマスクが下りてきたのか、コックピットの会話の不自然さ等の疑問があります。

ミサイル又は自衛隊の標的機が衝突したという説もありますが、根拠になった尾翼の残骸付近の赤い物体は、主翼の一部であることが確認されており、機体残骸に火薬や爆発物等の成分は検出されず（本文 p63、2.16.7）、ミサイルを疑う根拠は何もありません。

また、頑丈にできているはずの油圧配管は外部からの物体が衝突しない限り折損するはずがないという点も、その説の技術的根拠となっています。しかし、上方と下方の両方向舵をそれぞれ操作する 2 個のアクチュエータは、墜落現場で見付かっていないことから、相模湾で一部が漂着した両方向舵とともに異常発生時に脱落したと考えるのが妥当です。アクチュエータが脱落すると、当然それらに連結している油圧配管は切断します。

設計・製造において軽量化の実現が使命である航空機の構造は、想定される荷重には十分な強度を有していても、想定外の荷重には意外なほど弱いものです。報告書では垂直尾翼の損壊に関する調査結果が本文 p34、2.15.1.3 にありますが、外板やリベット等の破断面の観察では、破壊が外板の内側から外側の方向に進行したことを示しているとしております。本文 p68、3.1.2 では、「垂直尾翼は、通常過度の内圧に対して強度を持つようには設計されてはいない」とし、垂直尾翼の破壊試験を実施し、p68、3.1.2.4 では、「…後部圧力隔壁の破壊によって流出した客室与圧空気の一部が垂直尾翼内に流れ込み、その内圧が、約 4psi 上昇すると垂直尾翼は破壊し得ると考えられる」としています。 1 気圧が約 14.7psi なので、約 4psi は、約 0.27 気圧、海面と約 2,500 m の高度との気圧差です。海面から浅間山（2,568m）山頂までスナック菓子を持って上がると、袋はパンパンに膨れるはずですがこのときの袋の内と外の気圧差です。

なお、垂直尾翼には軽減孔が設けられており、内外の気圧差が生じないよう工夫されております。本文 p69、3.1.2.4、本文 p107、3.2.3.3 では垂直尾翼の破壊順序を推定していますが、高速で飛行中の事故機において、垂直尾翼に一部でも破壊が生じると、外部の空気流も加わり、両方向舵をアクチュエータと共に脱落させ、そのとき操縦索系及び油圧配管の損壊をもたらし作動油が漏れたと考えられるとしています。外部からの物体の衝突では、破断面が内側から外側の方向へ進行している事実及び本文 p58、2.16.2.1、本文 p205～209、写真-58（図 10）及び 59 にあるリベット頭の部分から筋状に吹き出して付着したとみられる黒色の付着物といった事実を、説明できないのではないでしょうか。

図 10　垂直尾翼右側外板の黒色付着物（報告書　写真-59）

9. 捜索救難

当時は、事故の原因は調査しても、事故による被害をどうすれば軽減させることができたのかについてまで調査を行うようになっていなかったことから、捜索救難の状況については詳細な記録は残っていないため、現在ある情報から分かる範囲で次のことが言えます。

(1)　航空機による墜落場所の特定

現在は GPS が開発され、正確な位置を簡単に知ることができるようになりましたが、GPS がない事故当時、夜間に航空機で墜落場所を特定するには、墜落場所の上空を通過するときの無線航法援助施設（TACAN 等）からの方位と距離を読みとることで行っていました。飛行機の場合は、高高度を高速で飛行し操縦席からの視界が狭いので測位する場所の真上であることを特定することが難しく、方位は 5 度、距離は 1 マイル程度の精度でしか読み取れません。ヘリコプターの場合は、速度を落としてコース・セレクター・ノブを利用することで、方位 1 度、距離 0.1 マイル程度の精度で読み取ることができます。

昼間は、著名な山等の目標からの方位と距離を目測で測りますが、操縦士の能力（土地勘や目測の精度）によって大きく精度が異なります。

図 11　計器（距離表示）　　　　　　図 12　計器（方位表示）

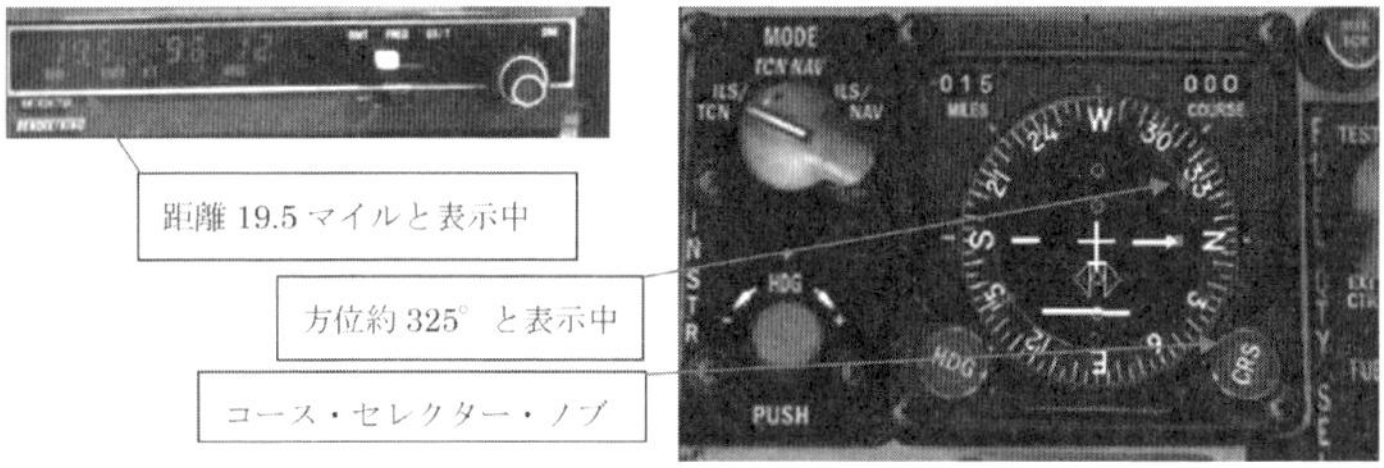

事故発生後に航空機から通報のあった位置の一覧は表 3、地図上に表示したものは図 13 のとおりですが、夜間の位置の精度では救助隊を誘導することができなかったようです。

表 3　各航空機の測位結果　　　　　　　*（日没：12 日 18:40　日出：13 日 04:55）*

時刻	航空機	報告、活動	位置(図上の位置)	誤差
19:15	米軍(C-130)	火災発見	横田 TACAN から 305° 35 マイル(①)	3km
19:21	航空自衛隊戦闘機(F-4EJ×2)	炎を確認	横田 TACAN から 300° 32 マイル(②)	6km
20:42	航空自衛隊ヘリコプター(V-107)	炎を確認	横田 TACAN から 299° 35.5 マイル(③)	4km
01:00	航空自衛隊ヘリコプター(V-107)	地上の県警を誘導、失敗	入間 TACAN から 291° 36.3 マイル(④)	2km
04:39	航空自衛隊ヘリコプター(V-107)	捜索	三国山西約 3km、扇平山北約 1km(⑤)	3km
05:00	陸上自衛隊ヘリコプター(HU-1B)	捜索	三国山北西約 2km (⑥)	1km 以下
05:33	航空自衛隊ヘリコプター(V-107)	捜索	三国峠の 340° 3km (⑦)	1km

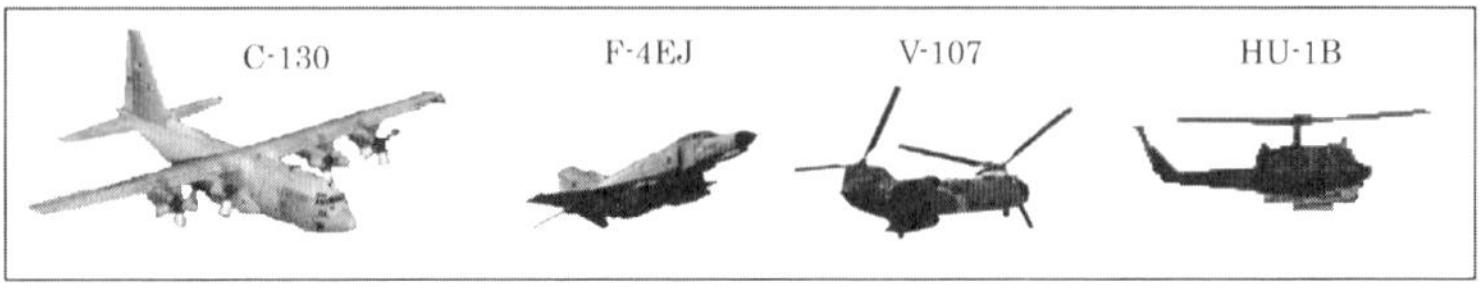

図 13　航空機による墜落場所の特定図

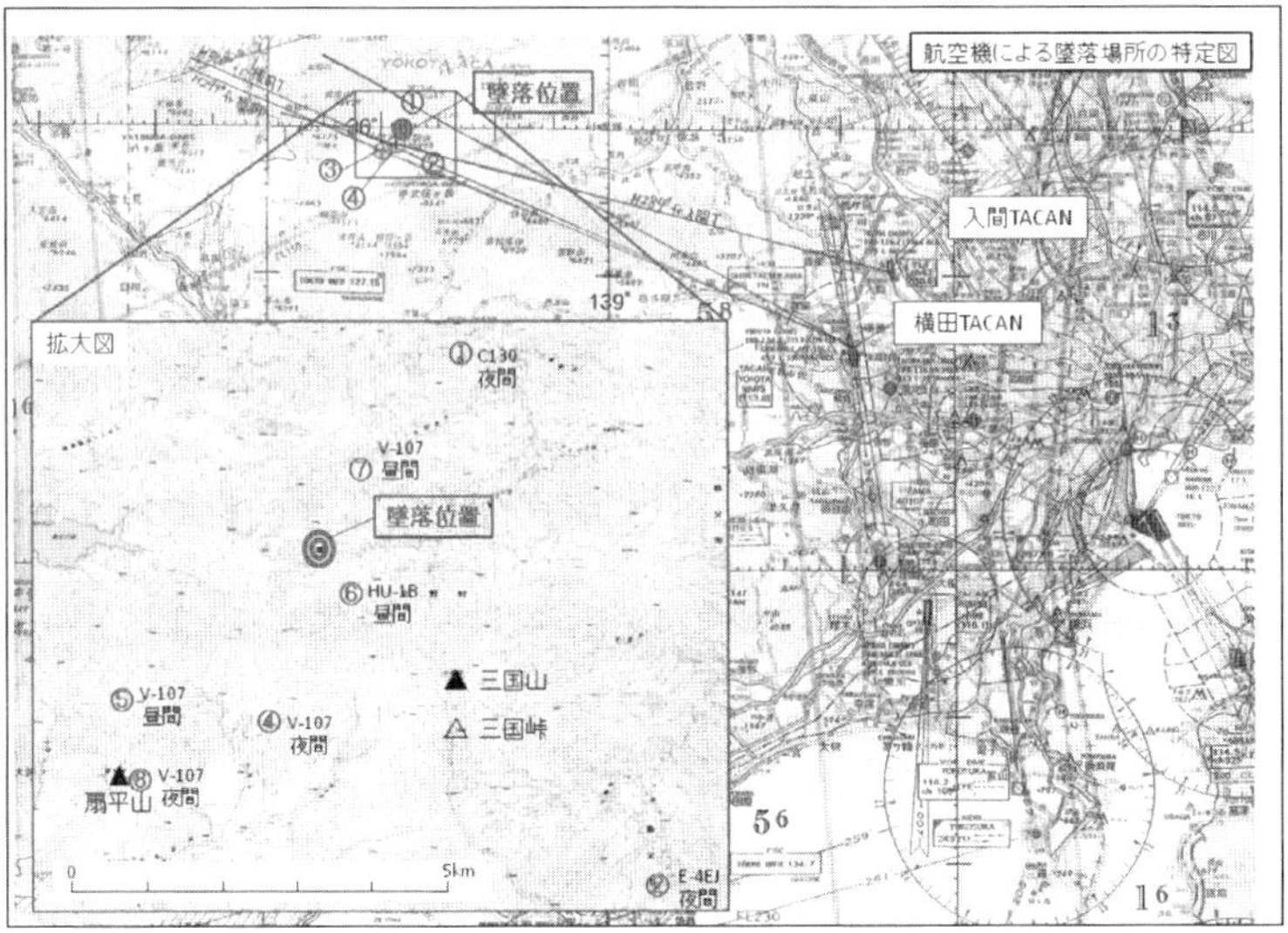

(2)　ヘリコプターによる夜間の吊上げ救助

ヘリコプターから救助員をロープ等で降下させ人を吊り上げて救助する方法がありますが、そのためにヘリコプターは、救助員を下ろす場所のすぐ上空（通常 10～30m）まで進入して精密なホバリング（空中停止）を行う必要があり、昼間でも大変高度な技術のいる作業です。夜間でも船舶や岩場から吊上げ救助を行うことがある海上保安庁では、その場合の手順として、別の飛行機から照明弾を投下して海面を照らし、ヘリコプターのサーチ・ライトで周辺の海面や吊上げ場所を照射して操縦士がヘリコプターの位置、高度、姿勢が分かるようにして行います。また、吊上げ場所へ進入するのに、オートパイロット（自動操縦装置）を装備した機体はそれを使って行うように手順が決められております。大変危険な作業なので、操縦士等の資格を限定し、乗組員全体で段階を踏んだ訓練を重ねた後で実施できる、極めて高度な技術を要する作業です。

これらの手順は、障害物のない海上だからできることで、地上では火災発生のおそれがあるので照明弾は投下できず、海面と違い段差のある山岳地帯ではオートパイロットを使った進入もできません。このような状況を考慮すると、付近の障害物や降下場所の状況もはっきりしない本事故の現場において、夜間、ヘリコプターを使用して救助作業を行うことは、2 次災害を引き起こす危険が極めて高いことは間違いありません。

暗視装置をパイロットが装着して操縦を行う方法もありますが、当時、自衛隊にはその装備はありませんでした。また、視界が極端に制限されるそのような手法が、本事故のような救助にも対応できるのかは不明です。

10. 海底残骸の調査について

報告書では、海底残骸の調査として、「昭和60年11月1日から11月20日までの間に、海上保安庁の測量船及び海洋科学技術センターの海中作業船により、相模湾の海底に沈んだ可能性のある残骸の調査を次のとおり実施したが、同機の残骸の一部とみられるものは発見されなかった。(1)調査区域　異常事態が発生したと考えられる時点における同機の状況、風向・風速、海上浮遊残骸の揚収状況、海潮流等を勘案して、同機の残骸の一部が沈んでいる可能性があると考えられる範囲(付図-21参照)　(2)調査方法　200mの等深線を基準として、以浅の区域については海上保安庁のサイド・スキャン・ソナー(型式SMS960)、以深の区域については海洋科学技術センターのサイド・スキャン・ソナー(型式 NE157)による調査を行った。その結果、不自然物体が存在するとみられた地点(17箇所、付図-21参照)について、海洋科学技術センターのえい航式深海カメラにより撮影された写真及びビデオテープ記録による調査を行った」となっています。(本文 p13、2.4.4.2)

ここでは、実際にどのような調査が行われたのか、具体的に見て行きます。

(1)　調査区域の設定

調査区域を設定するに当たって、以下の要素が検討されました。

A　発見された残骸の漂流物（図14；報告書付図20に着色）

B　海上保安庁の測量船と巡視船による海流観測（図15）

C　残骸の形状、風向、風速、海流を加味した推定落下区域（図15）

D　DFDR及びCVRの情報（飛行経路、異常音発生地点）

海上で発見された残骸は、図14にあるとおり相模湾の主に北側で発見されました。

図14　相模湾等の浮遊残骸揚収場所図（報告書付図20に着色）

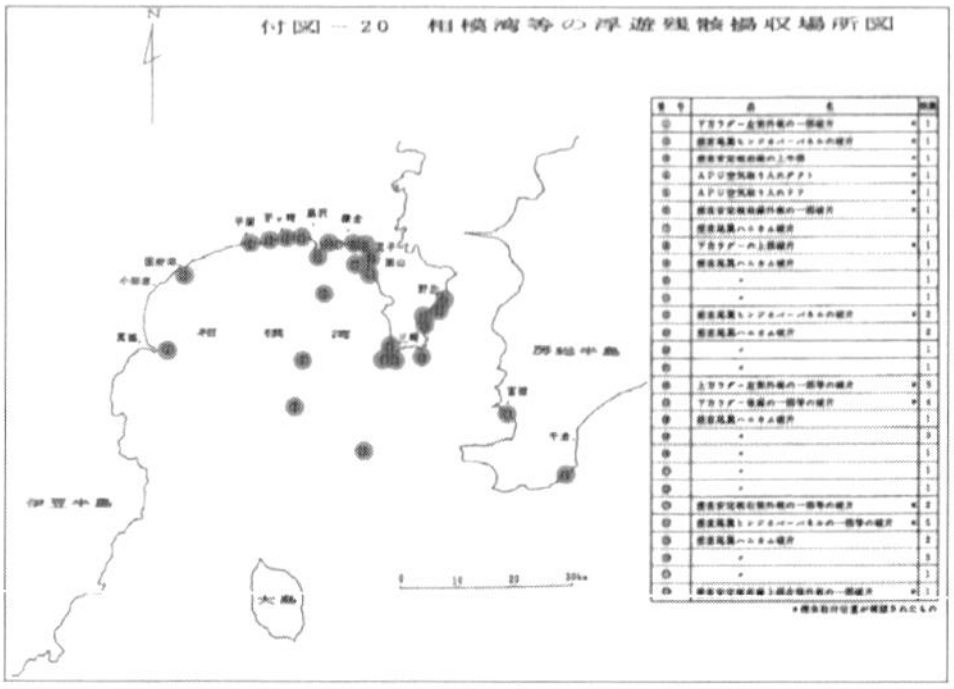

事故直後に海上保安庁の巡視船及び測量船で行った海流調査の結果は図 15 の矢印で示す線（一部青着色）のようになりました。A の残骸漂流状況で判明した残骸の形状、海流調査で判明した海流、それに風向、風速を加味した逆漂流計算を実施した結果、推定落下区域は図 15 の区域（赤着色）のようになりました。

図 15　相模湾及び駿河湾における海流概況と日航機揚収物件の推定落下区域

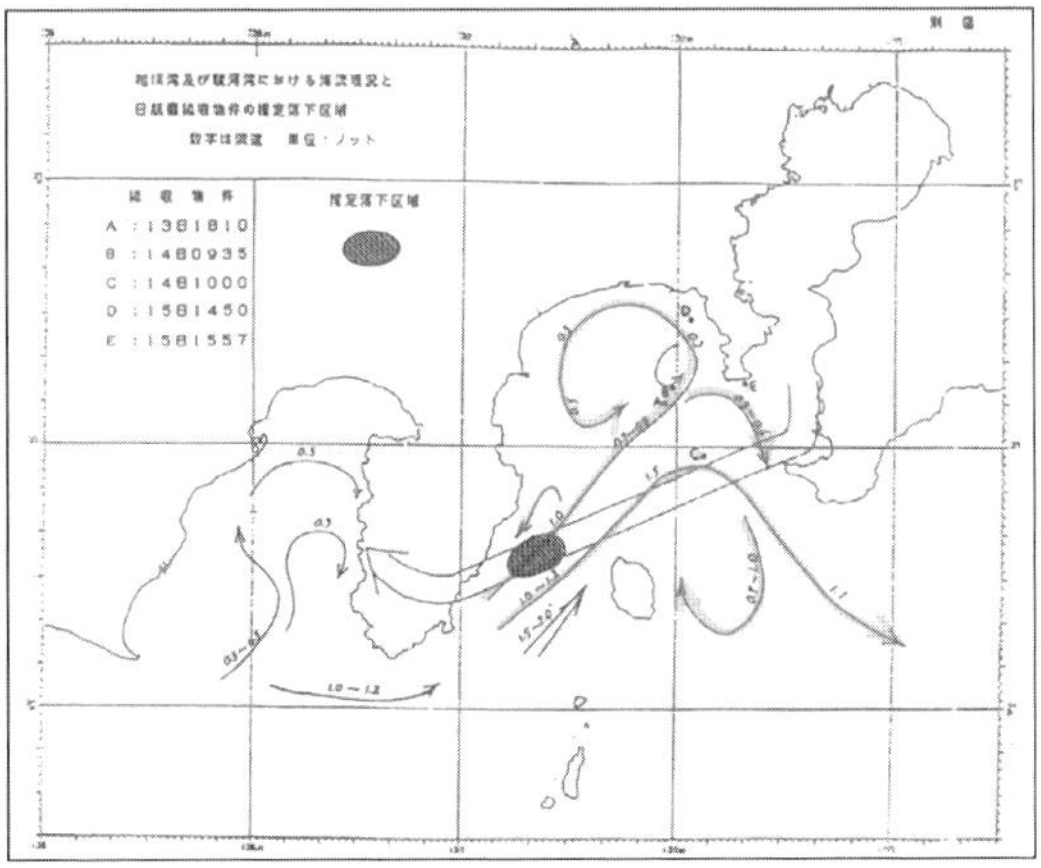

算出された推定落下区域と事故機の DFDR 及び CVR から確認された事故機の飛行経路及び異常音発生地点の情報を検討した結果、相模湾の海底調査区域は図 16（報告書付図 21 に追加）の区域（赤着色）と決定されました。

この調査区域の海底の底質は、泥、砂、岩場等が混在している場所です。

図 16　相模湾海底調査区域（報告書付図 21 に追加）

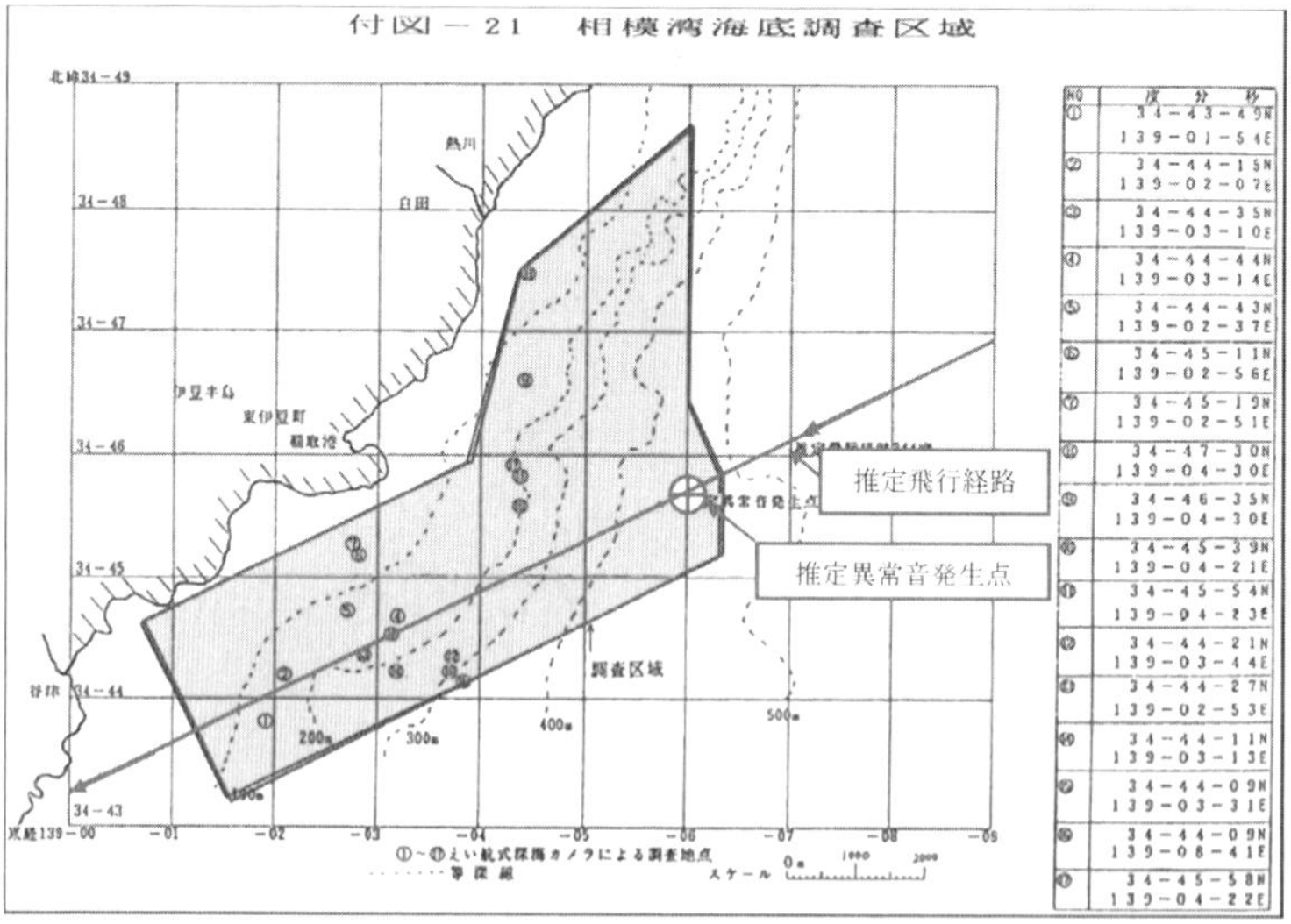

(2)　サイド・スキャン・ソナー

海底調査は、まずサイド・スキャン・ソナーで海底にある異常物体を発見し、その物体をえい航式深海カメラで撮影して調査する方法が用いられましたが、ここではそれぞれの方法を説明します。

図 17　サイド・スキャン・ソナー

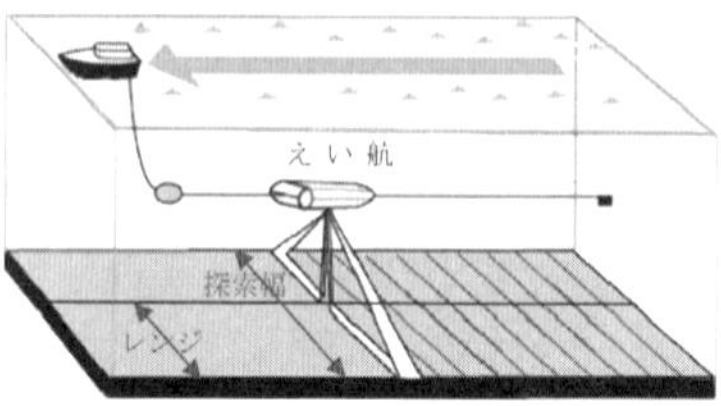

①　サイド・スキャン・ソナーとは

光が通りにくい海中において、遠くまで届く音響を利用して海底の状況をカメラで写したように見ることができる装置です。

調査船は、図 17 のように海底から一定の高度でえい航体を曳いて観測します。えい航体は、海底面に向かって 10kHz～500kHz の周波数の扇形に広がる音波を発信します。そして海底で反射し、戻ってきた音波を受信します。戻ってくる音波の強さは、海底面の「地質」を反映します。

② 特徴

サイド・スキャン・ソナーには次の特徴があります。

A 反射強度が強い物質（金属、岩等）は、周りより濃く記録される。

B 分解能の3～4倍の大きさで、反射強度が強く、高さのある物体だと検出される可能性が大きい。

C 岩盤質など強反射の海底では異物の検出は難しいが、高さがあれば検出される可能性がある。

D 砂や泥の海底では高さのない物体でも検出される可能性がある。

③ 性能

事故当時使用したサイド・スキャン・ソナーの性能は、表4のようになります。分解能とは、判別できる一つの点の大きさであり、実際の物体を判別するためには、5点程度は必要と言われています。つまり、事故当時、サイド・スキャン・ソナーで探知できる物体の大きさは5.5m×6.5m程度必要でした。

なお、現在は、分解能を上げると50cm×37.5cm程度の大きさがあれば判別できるようになりましたが、そのためにはレンジを狭くする必要があり、1行程での探索幅は狭くなります。

表4 サイド・スキャン・ソナーの性能

	事故当時	※ 現在（参考）
型式	SMS960	KLEIN System 5400
周波数	59 kHz	455 kHz
分解能	1.1m×1.3m (500m レンジ)	10cm×7.5cm (75m レンジ)

(3) えい航式深海カメラ

えい航式深海カメラとは見たい場所をカメラが通過するように、カメラをえい航する船を走らせます。TV画面を見ながら必要な場所で静止画を撮影することができますが、自走できないので、思い通りの地点にカメラを移動させるのは難しい手法です。図18は、当時の調査におけるえい航式深海カメラの航跡図の一部です。

図18 えい航式深海カメラの航跡

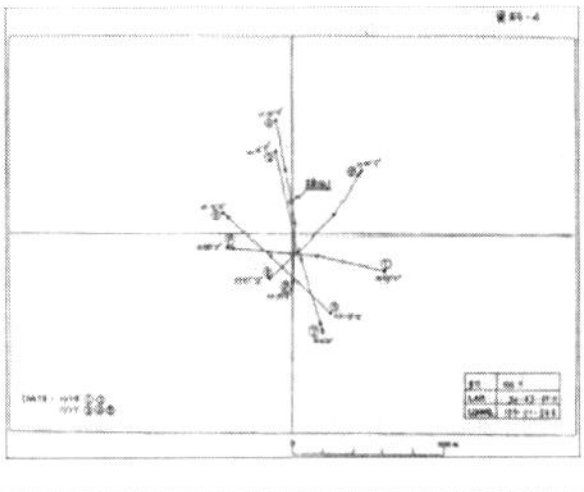

当時使用したカメラの特徴は以下のようなものでした。

・カラーTVカメラ

・静止カメラ（連続800枚）

・えい航速度　約 2 kt
・えい航高度　約 1.5 m
・撮影幅　　　約 1.5 m

なお、現在では、遠隔操作で任意の地点へカメラを移動させて調査することができる ROV（Remote Operated Vehicle；遠隔操作無人探査機）が一般的に、使用されるようになりました。

(4) 推定される落下物

同機の残骸の回収状況から判断して、事故機に異常が発生した直後に相模湾に落下したと推定される同機の残骸は、表 5 の通りです。APU とアクチュエータは、重い材質で強固なものであり、分散せずに沈んでいる可能性は大きいでしょう。胴体最後部とトーション・ボックスは数個に破損して分散している可能性はありますが、沈んでいる可能性は大きいでしょう。両方向舵については、材質が軽く破損している可能性も大きく、また、図 14 の相模湾等の浮遊残骸揚収場所図にあるとおり漂流したものが発見されていることから、海底に沈まずに漂流した部分がある可能性が大きいでしょう。

表 5　推定される落下物

	APU	アクチュエータ ×2	胴体 最後部	トーション ・ボックス	上方 方向舵	下方 方向舵
図番号	①	②, ②'	③	④	⑤	⑥
長さ m	1.9	0.7	3.4	1.5	−	−
高さ m	1.4	−	2.7	10.2	3.4	3.0
幅　m	1.0	0.5	2.7	4.6	2.8	3.1
重さ kg	250	40	−	900	300	120
材質	スティール	アルミ合金、スティール	アルミ合金		ハニカム構造、複合素材、一部アルミ合金	
備考	分散しない可能性大		数個に破損し分散している可能性大			
	沈んでいる可能性大				沈まずに漂流した部分がある可能性大	

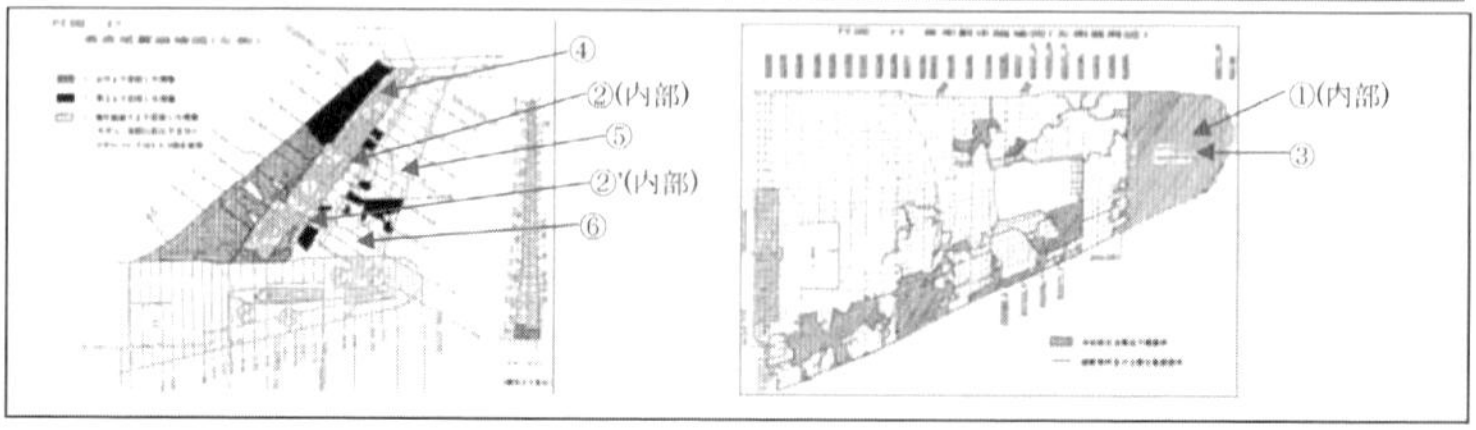

(5) まとめ

① 当時の調査は、入手できたあらゆる情報から残骸が沈んでいる可能性のある海域を設定し、サイド・スキャン・ソナーにより設定した全ての海域を調査し、残

骸のある可能性が高い地点を絞り込み、その場所をえい航式深海カメラで調査し確認するという一般的に行われている方法での捜索でしたが、何も発見できませんでした。

② これ以上捜索しようとすれば、えい航式深海カメラで海底を網羅的に調べることも考えられますが、設定した調査区域を全て調査するには莫大な時間とコストがかかります。約 $25km^2$ である調査区域を撮影幅 1.5m、速力 2kt で試算してみると、4,500 時間かかることになります(25÷0.0015÷1.852÷2≒4,500)。機材の投入を考慮し 1 日 6 時間調査したとしても 750 日、2 年以上かかることになります。

実際には、えい航式深海カメラを正確な海底の位置に自在に動かすことはできないので、できるだけ調査の空白を埋めるためには、この調査を数回繰り返す必要があるでしょう。

③ それでも、確実に残骸を発見できるという保証はなく、発見できたとしても原因究明の観点からコストに見合うほどの残骸の発見は期待できず、これ以上、更なる捜索を行うことができなかったものでした。

11.その他

(1) 乗員に対する訓練について

航空事故調査委員会(当時)は、「緊急又は異常な事態における乗組員の対応能力を高めるための方策を検討すること」との建議を運輸大臣(当時)に提出しました。

運輸省(当時)は、乗組員の緊急・異常事態対応能力向上方策を策定し(昭和 62 年 9 月～平成元年 6 月)、航空局内に航空会社、学識経験者等からなる検討会を設置し、過去の事故例、メーカー等における乗組員の訓練等の調査を行い、従来の技量審査に加え実際の運航におけるトラブルにより近い状態での操縦訓練の導入等訓練の改善についてとりまとめ、定期航空運送事業者に周知しました。

(2) 報告書における原因不明の記載について

報告書の中では原因不明としているところがありますが、不確かなことは書かないという ICAO(国際民間航空機関)の考え方に沿って作られています(別添3)。また、現在の運輸安全委員会の事故等調査報告書の冒頭に記載しているとおり、報告書においては、

① 断定できる場合・・・・・・・・・・・・・・・「認められる」
② 断定できないが、ほぼ間違いない場合・・・「推定される」
③ 可能性が高い場合・・・・・・・・・・・・・・「考えられる」
④ 可能性がある場合・・・・・・・・・・・・・・「可能性が考えられる」
・・・・・・・・・・・・・・「可能性があると考えられる」

を使用することとしております。本事故の場合の原因については、「推定される」を使用しているため、断定できないが、ほぼ間違いない場合にあたります。

別添 1　時系列表

（本文 p6、2.1、本文 p290～、別添 5　DFDR 記録、本文 p311～、別添 6　CVR 記録、他）

時刻 (時 h 分'秒")	事故機の経過 （CAP: 機長、COP: 副操縦士、F/E: 航空機関士、下線は判読不確実）
(8 月 12 日)	
17h12'	366 便（福岡·東京）として東京国際空港着陸
18'	18 番スポットに駐機、123 便（東京·大阪）としての飛行準備のための点検等
18h04'	18 番スポットから地上滑走開始
12'	滑走路 15L から離陸
16'55"	東京コントロールに対し、現在位置からシーパーチ（非義務位置通報点）への直行要求
18'33"	上記要求が承認
24'34"	高度 23,900 フィートに達するまで異常な飛行を示す記録はない。
18h24'35"	巡航高度 24,000 フィートに到達する直前、伊豆半島南部の東岸上空に差し掛かるころ、「ドーン」というような音ともに飛行の継続に重大な影響を及ぼす異常事態が発生。 前後方向加速度が 0.11G を示し、前向きに大きな衝撃力が働いた。上向きのわずかな力が働き始め、垂直加速度がゆっくりかつわずかに増加し始めた。 操縦桿の操作量に有意な引き舵がみられる。(～36")
24'36"	横方向加速度に変化が生じ、以後ほぼ 2Hz の振動を記録し始めるが、たいして大きくはならず 37.2 秒以後 40 秒ごろの間までに次第に減衰する。 ホリゾンタル・スタビライザーが通常の範囲を超える異常を示すが、以後それに相応する縦のトリム変化が現れない。 ペダルが右いっぱいを示し 1.5 秒間ほどほぼ同じ値が続くが、これに対応する機体の応答は見られない。方向操縦系統に異常が生じた。
24'37"	離陸警報音又は客室高度警報音が約 1 秒間（3 回）鳴る。対気速度はやや減少、迎え角及び縦揺れ角が増大、操縦桿の動きに大きな動き、前後方向加速度及び垂直加速度が大きく変動を始める（～43"）。
24'38"	ペダルに戻し操作、機体の応答なし。オートパイロットのコマンドが OFF となる。
24'39"	CAP「なんか爆発したぞ。スコーク 77」、COP「ギアドア」、CAP「ギアみて、ギア」、F/E「えっ」、CAP「ギアみてギア」
18h 24'44"	PRA 作動
24'45"	操縦桿にかなりの右操舵がみられる。(～50")
24'46"	CAP「エンジン？」、COP「スコーク 77」、F/E「オールエンジン･･･」
24'51"	COP「これみて下さいよ」、F/E「えっ、オールエンジン･･･」
24'57"	COP「ハイドロプレッシャみませんか？」、CAP「なんか爆発したよ」
25'04"	F/E「ギア　ファイブ　オフ」、離陸警報音又は客室高度警報音が再び鳴り始める。
25'13"	ペダルに戻し操作、機体応答なし。
25'16"	CAP「ライトターン、ライトターン」、COP「プレッシャ？」、F/E「おっこった」
25'21"	同機機長から東京コントロールに対し異常事態が発生したため 22,000 フィートに降下し、同高度を維持すること及び東京国際空港に引き返すとの要求が行われた。
25'40"	同機から大島へのレーダー誘導の要請があり、これに対し東京コントロールは羽田への変針は右旋回か左旋回かの問い合わせを行ったところ、同機機長は右旋回を行うと回答。
25'52"	上記要求が承認
25'53"	CAP「バンクとんな、そんなに」、COP「はい」、CAP「バンクそんなにとんなってんのに」、COP「はい」、CAP「なんだよそれ」、F/E「ハイドロプレッシャがおっこちていますハイドロが」、CAP「バンクそんなにとるな、マニュアルだから」、COP「はい」
26' 頃	顕著なフゴイド及びダッチロール運動が発生、操縦輪及び操縦桿にそれらを抑制するような操作があるが、全く効いていない。これは、墜落直前まで継続。
26'00"	F/E「ハイドロ・プレッシャがおっこちていますハイドロが」
26'03"	CAP「バンクそんなにとるな、マニュアルだから」、COP「はい」
26'11"	CAP「戻せ」、COP「戻らない」
26'15"	CAP「プルアップ」
26'27"	CAP「ハイドロ全部だめ？」、F/E「はい」
26'31"	CAP「ディセント」、COP「はい」、F/E「ディセンドした方がいいかもしれないですね」、COP「ディセンド」

26'41"	CAP「なんでこいつ･･･」
26'45"	CAP「オーケー、ライトターン」、COP「ライトターン」
27'02"	東京コントロールは同機に対し緊急状態宣言の確認を行い、次いで「どのような緊急状態か」との問い合わせを行ったが同機からの応答はなかった。
27'31"	CAP「ハイドロは？」、F/E「はい」
27'47"	F/E「ハイドロプ・レッシャ、オールロス」、COP「オールロスですか？」、CAP「いやロック」、F/E「オールロス」、COP「オールロスね？」、F/E「はい」、COP「カンパニー、えー･･･お願いします、えーそうして下さい、カンパニーにリクエストして下さい」、CAP「なんで騒いでんの？」
28'14"	F/E「下がりましょう」
28'31"	東京コントロールは同機に対し、「大島へのレーダー誘導のため、進路 90°で飛行せよ」と指示。
28'35"	同機は、上記問い合わせに対し機長は「現在、操縦不能」と回答。
28'48"	COP「ライトターン、ディセンド」
29'00"	CAP「気合いを入れろ」、COP「はい」、F/E「(COP と重複して) もってないかどうかきいてみます」、CAP「ストールするぞ、本当に」、COP「はい、気をつけてやります」、CAP「はいじゃないが」、COP「はい」、CAP「ディセンド」
29'59"	CAP「なんだこれ、･･･」
30' 頃	焼津市の北付近の上空通過。
30'28"	F/E「オキシジェン・プレッシャーどうですか？オキシジェン・マスクおっこってますか？あーそうですか、じゃー、オキシジェン・プレッシャー、あー、その PO_2ボトルちゃんとつけて下さい」
30'55"	F/E「オキシジェン・マスクがドロップしているから」
31' 頃	東京コントロールは同機に対し、「降下可能か」との問い合わせ。
31'07"	機長は「現在降下中」と回答、高度の問い合わせに対し、「現在高度 24,000 フィート」と回答。
	（上記交信中）F/E「オキシジェンマスクがドロップしてます」、COP「はい」
31'14"	東京コントロールが同機に対し、「現在位置は名古屋空港から 72 海里の地点、名古屋に着陸できるか」との問い合わせに対し、機長は「羽田へ帰ることを要求する」と回答。
31'26"	東京コントロールは同機に対し、今後は日本語で交信してもよい旨を伝え、機長はこれを了承。
31'36"	(機内電話呼出しに対し) COP「どこが？」、CAP「おーおおお」、F/E「はいなんですか？」
31'46"	CAP「もってくれる」、F/E「後ろのほうですか？えーと何がこわれているんですか？どこですか？」
31'59"	CAP「あーあああ」、F/E「荷物を収納するところですね？後ろの方の一番後ろの方ですね？はいわかりました」
32'11"	F/E「あのですね　荷物入れてある荷物のですね　一番後ろですね　荷物の収納スペースのところがおっこってますね　これは降りた方がいいと思いますぅ」
32'32"	F/E「マスクは一応みんな吸っておりますから」
33'00"	COP「ディセントしますか？少し」
33'35"	F/E「キャプテン」、CAP「はい」、F/E「アールファイブのマスクがストップですから･･･エマジェンシー・ディセンドやった方がいいと思いますね」、CAP「はい」、F/E「マスク我々もかけますか？」、COP「かけた方がいいです」、CAP「･･･」、F/E「オキシジェンマスクできたら吸った方がいいと思いますけど」、CAP「はい」
34'11"	（東京のカンパニー無線を聞いて）COP「カンパニーお願いします」、F/E「はい了解しました、えーと、どこですか？」、CAP「ふんばってろよ」
34'42"	F/E「えーと、今どこですか？カンパニーは」
34'51"	（東京のカンパニー無線を聞いて）COP「はい、ディセンドしております」、F/E「ジャパンエアどこですか？」、CAP「どこからだ？」、COP「大阪です」、CAP「ジャパンエア呼んでくれ」、F/E「ジャパンエア大阪ですか？」、COP「ジャパンエア東京、ジャパンエア東京」、CAP「ジャパンエアどこだ？」、F/E「ジャパンエア東京」
35' 頃	同機は富士山の西方約 35km の地点付近の高度約 23,000 フィートで右へ変針して東へ向首
35'12"	（カンパニー無線で）F/E「ジャパンエア東京　えージャパンエア　あー123　オーバー」(8 秒間)

35'34"	（カンパニー無線「ジャパンエア、123、ジャパンエア東京、28 分に大島の 30 マイルウェストでエマージェンシー・コールを東京 ACC が傍受したということですが」の問いかけに対し）F/E「ええとですね　いま　あのー　アールファイブのドアーがあのー　ブロークンしました　えー　それでーえー　いまー　ディセントしてます　えー」(14 秒間で)、CAP「･･･」
35'58"	（カンパニー無線「了解しました。キャプテンのインテンションとしては、リターン・トゥ・東京でしょうか」の問いかけに対し）F/E「はいなんですか？」
36'04"	（カンパニー無線「羽田に戻ってこられますか？」の問いかけに対し）F/E「えーと、ちょっと待って下さい、今エマージェンシー・ディセンドしてますので、えー、もう少ししたら、あー、コンタクトしますので、もう一度、あー再び、コンタクトしますので、えー、このままモニターしておいて下さい」(16 秒間で)、CAP「･･･」
36'37"	COP「うーんと･･･よくわかりません、いまディセントしてますから」
36'59"	F/E「えーと」
37'04"	CAP「おりるぞ」、？「･･･」、CAP「そんなのどうでもいい、あーあああー」
37'31"	CAP「あたま下げろ」
37'38"	CAP「あったま下げろ」、COP「はい」
38' 頃	富士山の北北西約 7km 付近から左へ変針し北東に向首
38'04"	CAP「あたま下げろよ」、COP「はい」
38'17"	CAP「あたま下げろよ」、COP「はい」
38'29"	CAP「両手でやれ、両手で」、COP「はい」、F/E「ギヤダウンしたらどうですか？ギヤダウン」COP「ギアダウンでしょうか？」
38'45"	CAP「出せない、ギヤ降りない」
38'54"	CAP「あたま下げろ」、COP「はい」
39'13"	F/E「オルタネートでゆっくりと出しましょうか？」、CAP「はい、ちょっと待って」
39'32"	主脚が下げられた。
39'51"	CAP「･･･下げ･･･」、COP「はい」、CAP「･･･」、COP「はい」
39'59"	F/E「スピードブレーキひきますか？」、CAP「あーあたま下げろ」、COP「はい」
40'10"	CAP「･･･」
40'15"	CAP「･･･もどろう」
40'22"	F/E「ギヤダウンしました」、COP「はい」
40'41"	CAP「あたまを下げろ」、COP「はい」
41' 頃	山梨県大月市付近の高度約 21,000 フィートから、約 3 分間でほぼ 360 度右旋回し、高度約 17,000 フィートへ降下。東に向かって急速に降下。48'までに約 6,600 フィートまで降下。
41'00"	CAP「あったま下げろ、そんなのどうでもいい」
41'07"	CAP「ストールするぞ」、COP「はい」
41'16"	CAP「両手で下げなならんぞ」
41'27"	CAP「･･･」
42'17"	CAP「あたま下げろ」、COP「はい」
42'26"	エンジン出力が大きく絞られ降下率増加
42'48"	CAP「パワー」
42'53"	CAP「おもたい」
43'23"	CAP「あたま下げろ」
43'47"	CAP「おもたい、もっと、もう少し、あたま下げろ」、COP「はい」
43'56"	CAP「下がるぞ」
44'05"	CAP「おもたい」
44'22"	CAP「いっぱいやったか？」、COP「いっぱい、かじ、いっぱいです」
44'43"	CAP「あーおもたい」

44'47"	F/E「フラップどうしましょうか? 下げましょうか?」、CAP「まだ早い」、F/E「まだ早いすか」、CAP「まだ早い」、COP「ギヤ降りてますか」、F/E「ギヤ降りてます」、CAP「えっ」、COP「コントロールの方が」
45'18"	CAP「ここでホールド」
45'46"	「操縦不能」と送信。左へ変針し北東へ向首。
45'～48'	フゴイド運動は完全に消滅
46'03"	CAP「あたま下げろ」
46'07"	COP「え一相模湖まできてます」、CAP「はい」
46'16"	(羽田にコンタクトするかとの無線に対し)CAP「このままでお願いします」、(再度の問いかけに) CAP「こ、このままでおねがいします」
46'33"	CAP「これはだめかもわからんね」
46'44"	CAP「ちょっと・・・」、COP「はい」、CAP「もっとノースダウン下げ」、COP「はい」
47'01"	COP「・・・しますから　エルロン・・・」
47'07"	同機から羽田へのレーダー誘導の要請。東京コントロールは「羽田の滑走路は 22 なので針路 90 度をキープして下さい」との指示。機長は了承。
47'16"	F/E「ハイドロ・クオンディティーがオールロスしてきちゃったですからなあ」
47'17"	東京コントロールからの「操縦できるか」との問い合わせに対し機長が「操縦不能」と回答。
47'34"	同「東京コントロールと（周波数）119.7MHz で交信せよ」との指示に対し、機長は副操縦士に確認後「119.7 と、了解」と回答し、指示に従っていない。
47'39"	CAP「おい山だぞ」、F/E「はいどうぞ」、CAP「ターンライト、山だ」、COP「はい」、CAP「コントロールとれ右、ライトターン」
47'46"	右旋回のための極めて大きな操縦輪及びペダルの操作が行われているが、その効果は全くなし
47'52"	COP「ライトターンですね?」、CAP「山にぶつかるぞ」、COP「はい」、CAP「ライトターン」
47'59"	CAP「マックパワー」、COP「マックパワー」、F/E「がんばれ一」、CAP「あーふたりでやらなくていい」、CAP「レフトターンだ」、COP「はい」
48'08"	CAP「レフトターン」、COP「はい」、CAP「パワー上げろ、レフトターン、今度は、レフトターン」
48' 頃	高度約 7,000 フィートで奥多摩町付近上空から左へ変針、西北西へ向かい徐々に上昇。
48'16"	CAP「パワーちょっとしぼって、あ一右右、あったま下げろ、あったま下げろ」、COP「今、かじいっぱい」
48'32"	CAP「じゃ・・・できる?」、COP「ききません」、CAP「あったま下げろ、・・・よし」
48'40"	CAP「山いくぞ」、COP「はい」
48'44"	CAP「でない」
48'51"	COP「ふかしましょうか?」、CAP「パワー、パワー」
48'59"	CAP「パワー」
49'11"	F/E「ふかしましょう、ふかしましょう」、CAP「ライトターン」、?「・・・」
49'39"	CAP「あ一だめだ・・・、ストール、マックパワー、マックパワー、ストール、はい高度落ちた」(失速警報)
49'42"	最低速度 108 ノット、迎え角 30.9 度
50'06"	COP「スピードが出てます、スピードが」、CAP「ドーンと行こうや」
50'27"	CAP「がんばれ」、COP「はい」、F/E「マック」、CAP「あたま下げろ」、COP「はい」、CAP「がんばれ、がんばれ」、COP「今、コントロールいっぱいです」、F/E「マックパワー」、COP「スピードが減ってます」
50'50"	CAP「パワーでピッチはコントロールしないとだめ」、F/E「パワー・コントロールでいいです、パワー・コントロールさして下さい」、CAP「はい」、COP「スピード 220 ノット」、F/E「はい」、CAP「あたま下げるな、下がってるぞ」、COP「はい」
51'04"	CAP「下がってるぞ」、COP「はい」、CAP「あったま上げろ上げろ」
51'08"	COP「フラップは?」、F/E「下げましょうか?」、CAP「おりない」、F/E「いや、えー、オルタネートで」、CAP「オルタネートか、やはり」、F/E「えー、オルタネートです」
	フラップ下げ開始

51'23"	CAP「あたま下げろ、ほかはいい、あんた自分とこやれ、両手で」、COP「はい」、CAP「あたま下げろ」、CAP「はいパワー」、F/E「パワーふかします」
51'38"	F/E「フラップ出てますから、いま」、CAP「はい、あたま下げろ」
51'48"	CAP「つっぱれ」
52'26"	F/E「いま、フラップ、オルタネートで出てますから」、COP「ラジャー」、CAP「あったま下げろ」、COP「はい」
52'39"	CAP「あたま下げろ」、COP「はい」
52'51"	COP「かわりましょうか?」、CAP「かわってやって」
53' 頃	高度約 13,000 フィートから降下開始、降下率は平均約 3,000 フィート以上
53'15"	CAP「あたま上げよ」
53'20"	CAP「パワー」、COP「いれます」
53'31"	「操縦不能」と再度送信。
53'51"	東京コントロールから「周波数 119.7 に変えて下さい」との指示を受け、CAP「はいはい 119.7」、COP「あっ、はい、ネーナンバー2」、CAP「119.7」、COP「はい」
54'19"	高度約 11,000 フィートで周波数を切り替え、「現在位置知らせ」との要求に東京アプローチは「羽田の北西 55 海里、熊谷の西 25 海里の地点」と回答。同機は了承。
54'31"	フラップ角が 5 ユニットになったころ、フゴイド運動が励起、エンジン操作が行われた。
54'46"	CAP「あたま下げろ」、?「…」、COP「かじいっぱい」
54'50"	フラップ角が 10 ユニット、右横揺れ角が増大し右旋回が始まる
55'01"	CAP「フラップ下りるね」、COP「はい、フラップじゅう」
55'05"	東京アプローチは「羽田も横田も受け入れ可能」と送信し、同機は了承。
55'15"	CAP「あたま上げろ」、F/E「はい、了解しました」、CAP「あたま上げろ、あたま上げろ--」
55'27"	CAP「あたま上げろ」
55'34"	COP「ずっと前から支えてます」
55'42"	COP「パワー」、CAP「フラップ止めな」、?「あーっ」、CAP「パワー、フラップ、みんなでくっついてちゃだめだ」、COP「フラップアップ、フラップアップ、フラップアップ、フラップアップ」、CAP「フラップアップ」、COP「はい」 フラップ角は約 25 ユニットとなり、直ちに上げ始められたが右横ゆれ角は 50~60 度に増加。
55'56"	CAP「パワー、パワー、フラップ」、F/E「上げてます」
55'57"	機首が下がり、縦揺れ角は機首下げ 15 度ほどになり、急にパワーが大きく加えられたが、右急旋回中にもかかわらず左側エンジン出力が大きい。気圧高度は約 10,000 フィート。
56'04"	CAP「あたま上げろ、あたま上げろ、パワー」
56'07"	急激に高度を下げ始め、速度の急増及び右急旋回により垂直方向加速度が急増し始めた。機首下げ約 36 度、右横揺れ角約 70 度。
56'11"	降下率 18,000 フィート/分
56'14"	GPWS「Sink rate, whoop whoop pull up…」
56'18"	パワー最大、降下停止、垂直加速度は上向き 3G 程度
56'26"	衝撃音
18h56' 頃	一本から松（標高約 1,530m）にある樹木に接触し、U 字溝（標高約 1,610m）の稜線に接触した後、群馬、長野、埼玉 3 県の県境に位置する三国山の北北西約 2.5km にある尾根（標高約 1,565m）に墜落した。
19h01'	航空自衛隊（以下「空自」）戦闘機 F-4EJ、2 機が百里基地を緊急発進
19h15'	米軍輸送機 C-130 が現場上空で火災を発見し位置を通報、横田 TACAN から 305° 35 マイル

19h21'	空自戦闘機 F-4EJ、2 機が現場の炎を確認し位置を通報、横田 TACAN から 300° 32 マイル
19h30'	陸上幕僚長が東部方面総監部総監に対し、災害派遣準備を指示
20h33'	東京空港事務所長（羽田）から空自中部航空方面隊司令部指令官に災害派遣要請
20h40'	空自入間基地から先遣隊 30 名を派遣
20h42'	空自ヘリコプター（V-107）が炎を確認し位置を通報、横田 TACAN から 299° 35.5 マイル
21h30'	東京空港事務所長（羽田）から陸上自衛隊（以下「陸自」）東部方面総監部方面総監に災害派遣要請 陸自第 12 偵察隊（相馬原）、第 13 普通科連隊情報小隊（松本）から状況確認のため計 12 名派遣 空自熊谷基地から先遣隊 10 名派遣
23h00'	日航機事故対策本部設置（本部長運輸大臣）、第 1 回会議
23h30'	陸自第 13 普通科連隊、第 12 戦車大隊、第 12 施設大隊（相馬原）から約 1000 名を派遣
(8 月 13 日)	
00h36'	空自（入間）ヘリコプター（V-107）が発進
01h00'	空自ヘリコプター（V-107）が地上の県警の誘導を試みたが失敗、位置は入間 TACAN から 291° 36.3 マイル 空自静浜基地から 115 名派遣
01h15'	空自入間基地から 548 名派遣
01h30'	第 13 普通科連隊情報小隊が北相木村小学校に到着
02h00'	陸自第 12 偵察隊が北相木村小学校に到着、空自熊谷基地から 91 名派遣
03h25'	陸自第 13 普通科連隊、第 12 戦車大隊、第 12 施設大隊が逐次北相木村小学校等に到着
03h30'	空自熊谷基地先遣隊が北相木村小学校に到着
03h50'	空自入間基地先遣隊が北相木村小学校に到着
04h50'	空自入間基地本隊が北相木村小学校に到着
04h55'	陸自ヘリコプター（HU-1）による現場映像の撮影開始（～05h05）
04h39'	空自ヘリコプター（V-107）位置通報、三国山の西約 3km、扇平山の北約 1km
05h00'	陸自ヘリコプター（HU-1B）位置通報、三国山の北西約 2km
05h30'	第 1 次現場捜索部隊（陸自第 13 普通科連隊）約 300 名が北相木村小学校から現場向け出発
05h33'	陸自ヘリコプターからの撮影した映像の伝送
05h37'	長野県警ヘリコプターが群馬県多野郡上野村御巣鷹山南々東約 2km の山中にて同機の残骸発見
05h40'	空自熊谷基地派遣隊が北相木村役場に到着
06h15'	空自ヘリコプター（V-107）位置通報、三国峠の 340° 3～4km
06h40'	空自静浜基地派遣隊が北相木村小学校に到着
07h55'	長野県警レスキュー隊員 2 名が墜落現場付近に降下し捜索救助活動開始
08h49'～	空挺部隊（習志野）73 名を現場に降下
10h45'	生存者発見、11h05'までに 4 名
12h45'	第 1 次現場捜索部隊現場到着、空挺部隊と合流
13h29'	生存者 4 名を V-107 により現場から上野村役場へ空輸

「壊れた尾翼　日航ジャンボ機墜落の真実」　加藤寛一郎　著
P１７７～１７９抜粋　（有効意識時間）

有効意識時間

図59(a)は有効意識時間と高度との関係を示す一例である。ただし、このような数値は文献によってかなりの差がみられる。図59(b)は別の例で、有効意識時間の最小値（minimum observed）と平均値が示されている。下側の曲線は空気を吸っている場合、上側のそれは酸素を吸っている場合のデータである。

図59(b)では、問題の高度二万四〇〇〇フィート（約七三〇〇メートル）のデータが読めない。この部分について、この文献[27]はつぎのように記している。

「高度二万―二万三〇〇〇フィート（約六一〇〇―七〇〇〇メートル）では、慣れない被験者は、空気を吸っている場合、いろいろな時間経過で意識を失う。その場合の影響されやすさは高々度の場合を除き個々に広範に変化する」

このように有効意識時間は、とくに問題の高度付近では、人によって大きなばらつきがある。しかもその個人差は、それに出合う状況によっても変わるらしい。個人差のなかには「火事場の馬鹿力」的な「長持ち」も含まれるという。また、ある程度の意志的ながんばりも、もちろん個人差が大きいが、効くことがあるという。

高度	有効意識時間
15000ft	60 分以内
18000	30 分以内
20000	5～10 分
25000	2～3 分
30000	1 分 15 秒
35000	45 秒
40000	30 秒
50000	10～12 秒

(a)エアライン・ハンドブック[26]

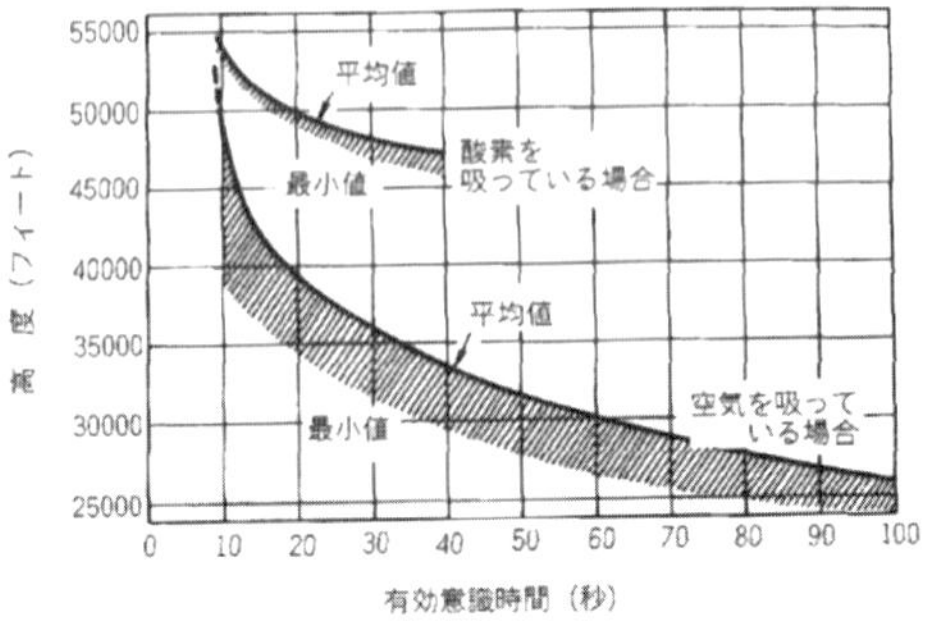

(b)　NASA　SP-3006[27]

図59　有効意識時間

別添３　ICAO のマニュアル抜粋

航空事故及びインシデント調査マニュアル（ICAO）　パート４　報告　（抄）

最終報告書のフォーマットと内容

3. 結論（CONCLUSIONS）

3.1 判明した事項（Findings）（略）

3.2 原因（Causes）

3.2.1 原因とは、単独で、あるいは、他のことと併さって、結果として負傷または損傷をもたらした事象である。原因は、それを取り除いたり、避けることができたならば、事故の発生を防止し、又は負傷若しくは損傷を軽減することができた行為、不作為、状態または状況である。

3.2.2 原因の決定は、すべての利用できる証拠の徹底的で、公平で、客観的な分析に基づくべきである。事故における原因事象（causal factor）となったいかなる状態、行為または状況も、明確に特定すべきである。複数の原因をあわせて見ることによって、何故事故が起こったかのすべての理由に関する全体像を提供するものでなければならない。原因の一覧には、直接的な原因とより掘り下げたシステム的な原因の両方を含めるべきである。原因のところで新たな情報を導入すべきではない。すべての原因が提示されることが不可欠であることを踏まえ、原因は論理的順序（通常時系列）で提示されるべきである。原因は、防止措置を考慮し、且つ、適切な安全勧告と関連して策定されるべきである。

3.2.3 優先順位をつけることなく、原因を時系列に一覧にしている国もある。例えば主な原因（primary causes）と寄与した原因（contributing causes）等の用語を用いて、原因に優先順位をつけている国もある。

3.2.4 原因が確実なときは、確固とした表現にするべきである。原因がある程度確かならば、例えば「推定される、考えられる（probable）」や「可能性が考えられる（likely）」などの程度を表す単語が使われるべきである。原因で述べるのは、通常、分析の終わり近く又は判明した事項で述べられたことの再掲である。例えば、分析及び判明した事項で原因に関連した事象又は状況が「推定される」と述べている場合、原因においても同じ単語（推定される）が使用されるべきである。

3.2.5 事故がなぜ起こったかについて立証するための証拠が不十分であるとき、原因が判明しなかったと述べることに躊躇するべきではない。多くの場合、「推定される、考えられる」か「可能性が考えられる」といった修飾を用いることによって最も可能性の高いシナリオが記述できる。しかしながら、「考え得る原因（考えられなくもない原因）possible causes」の一覧は、与えられるべきではない。

3.2.6 原因は、できる限り、非難または責任の推測を最小にする方法で策定されるべきである。しかしながら、事故調査当局は、非難または責任がその原因の記載から推測される可能性があるという理由だけで、原因の報告を控えるべきではない。原因の策定の例は、表 1-3 に挙げられる。

9. 解説書公表を受けて

２０１１年7月29日

御巣鷹山墜落事故に係る航空事故調査報告書の解説書が、事故から26年目に作られ、公表されたことを受けて

8・12連絡会

　２００８年10月、運輸安全委員会が発足して事故被害者支援が法制化され同委員会の設置法により、被害者への情報提供が義務付けられました。これを受けて、運輸安全委員会では、旅客が死亡する等大きな事故の場合は報告書を公表する際には被害者説明会を開催することとし、２０１０年10月から被害者への情報提供等を行う担当者を新たに置いた上で、本年４月には事故調査情報提供窓口が明確に設置されました。

8・12連絡会は２０１０年9月に、これまで25年間事故原因について遺族が抱き続けてきた疑問をまとめ、10月には運輸安全委員会に提出しました。それから10ヵ月にわたり、運輸安全委員会からその疑問のひとつひとつについて順次回答をもらいました。そして、この度、疑問への回答をまとめた「解説書」が作られ、7月29日、運輸安全委員会のホームページに「解説書」の内容が公開されました。

事故の再調査とまではいきませんでしたが、それでも、今回の事故報告書の「解説書」を読むことで、私たちは、今まで抱いてきたそれぞれの疑問に対して運輸安全委員会の回答が得られ、満足が得られるものもありました。当時の事故調査がどのような過程で行われたのかについて、分かりやすい説明が加えられ、事故調査に対して、被害者がどんなことを求めているかも示されています。事故の教訓を共有し、伝えたいという内容もあります。この作業は、運輸安全委員会が、被害者の視点を受け止め、事故調査に対する遺族の思いに寄り添う過程の始まりとなったと考えています。ただし、これはあの未曾有の大事故に終止符を打つものではなく、さらに残された課題である修理ミスの起きた背景などの究明については、これからも要望をしてまいります。

今日、解説書が作成・公表されるにいたった経緯をのべます。

昨年の8月、日航安全啓発センターにおいて、8・12連絡会の遺族13人が、当時の前原国土交通大臣に被害者支援制度の法制化と事故調査機関の在り方についての検討を要望しました。また、遺族たちは当時の大臣に対して「事故調査報告書にある事故原因についての疑問は25年たったいまでもそのままになり、亡くなった方々に報告ができないでいる、何とか自分たちの手で本当の原因を明らかにし、墓前に報告したい」と直訴いたしました。このように、遺族たちは、「なぜ？　大切な人が亡くなったのか？」がわからず、その事実に向き合い、どう自分自身を納得させていったらいいのか、長い時間悩み苦しんできました。被害者が新たな一歩を踏み出すために、「事故調査報告書」が、大きな部分を占めることも、この26年間感じて参りました。

御巣鷹山事故の原因については、事故後26年経っても、さまざまな考え方や憶測が社会の中であふれ、遺族たちは混乱させられてきました。事故の調査機関が遺族や社会に事故調査の過程を説明する責任を果たす制度がきちんと確立されていなかったためだと思っています。今なら分かることを、遺族が理解できる内容にして、運輸安全委員会に説明をしてもらいたいと長い間考えてきました。

事故原因に対して、事故調査と原因を議論していった過程も含めて、より広い情報公開と遺族の思いに寄り添った説明が必要なのです。遺族が、事故報告書から読み取れることは、個人個人さまざまですが、今回の解説書の作成は、こうした遺族の思いをくみ取るということから始まりました。

この活動を行ったこの10ヵ月間は、高齢の遺族だけでなく、当時をおぼえていないような若い世代の遺族からも8・12連絡会に質問が寄せられました。こうした疑問をたずさえ、運輸安全委員会と何度も論議を重ねました。その都度、遺族の質問に対しては、運輸安全委員会から真摯な回答を得たと考えています。

「解説書」の内容については、様々な評価があることと思います。もちろん、この「解説書」がすべての疑問に答えたわけではなく、他の考えを持たれる人には納得できるものにはなっていないとも思います。しかし、事故後26年目に、運輸安全委員会が遺族の求めに応じて、事故調査報告書を掘り下げ、事故の原因について遺族の疑問に答えようとして、この「解説書」を公開したことは画期的なことであると考えます。このような努力は、すべての事故についての納得のいく事故調査への第一歩となると信じます。

そして、私たちは、この「解説書」を26年目に手にし、事故調査は、「事故調査報告書が出されて終わりではない」と改めて考えています。

以上

10．遺族の疑問

「運輸安全委員会の解説書案」に対して、2011年4月～6月までに8・12連絡会に遺族から寄せられた疑問・質問と運輸安全委員会の対応

No.	遺族から寄せられた質問・疑問	運輸安全委員会の回答と対応
1	●No.1〈急減圧の比較例について（p.4）〉 ２００９年のサウスウエスト機の事例については理解できます。一方、よく比較事例として出される１９８６年のタイ航空機の事例は如何でしょうか？　サウスウエスト機のケースと異なった印象を持っています。	■No.1　p.４にタイ航空の事例の解説を追加しました。タイ航空の事故では急減圧となる前に爆発物の爆発で隔壁破壊するほど圧力の急上昇があった可能性も考えられる特殊な事例であるため、機内に生じた状況も大きく異なるはずであることを説明しました。
2	●No.2〈垂直尾翼及びAPU防火壁の破損条件〉 p.10「垂直尾翼及びＡＰＵ防護壁とも損壊す	■No.2「これより内部圧力の上昇が小さいと垂直尾翼は破損しない」旨、説明をp.9に追加しました。具体的には、垂直尾翼とＡＰＵ防火壁の耐圧限界

るという条件」とはどのような条件でしょうか。

3

●No.3〈垂直尾翼の内圧について〉

p.17「垂直尾翼は通常過度の内圧に対して強度を持つようには設計されてはいない」と記載されていますが、このあたり、非常に定性的な記述に終始しています。一方、この部分は、前述の「条件」と非常に関連が高いと考えます。この設計条件如何により「破壊するという条件」が仮定できると考えますので、もう少し詳しく説明いただければと思います。

4

●No.4〈ICAOの考え方について〉

p.26の11.「その他」で参照されている別添2のマニュアルですが、この事故調査報告書は、3.2.4の「事故原因が確実なときは……」の流れに沿って作成されているように理解していますが、正しいでしょうか？

値は、それぞれ4・75psi、4・00psiが基準値となっていますが、実際の機体では基準値の0・7〜1・3（係数）の幅があり得るとしています。緩やかな減圧の計算（付図8）では、垂直尾翼耐圧限界が基準の0・7（係数）、APU防火壁耐圧限界が基準値となっています。

■No.3 事故調査報告書の引用及び約4psiの分かりやすい説明をp.17に追加しました。

■No.4「……沿って作られている」と、記載を修正し、確からしさの記載区分についての説明をp.26に追加しました。

No.	遺族から寄せられた質問・疑問	運輸安全委員会の回答と対応
5	●No.5　機体に穴が開いた場合、その孔の大きさによっても状況が変わると思うが、霧が発生するのは機体のどの辺でしょうか？　機内全体か？ あるいは穴の近傍なのか？（多分近傍だと思いますが）霧を見た人と見なかった人がいても不思議ではないのでは？　ということについて説明があったほうがよいと思います。	■No.5　事故機の証言では、座っていた後部の座席付近よりも前の方が濃かったとの証言がある反面全く気付かなかった人（子ども）もいます。サウスウエスト機では、客室の中央付近に薄い霧が5秒程度発生したという証言があります。したがって、霧は穴の近くに発生するとは限らないと考えられます。また、すぐに消滅し、あまり気に留めない人もいるので、霧の発生に気付かない人がいても不思議ではないと考えられます。しかし、霧が発生したはずなのに霧を見たという証言が全く得られないのであればそのような説明も必要かと考えられますが、霧が発生したという証言はあるので、あえて解説で説明することもないかと考えます。
6	●No.6　p.9の「基準のケース」とありますが、これは何でしょうか？	■No.6　報告書付録4において、隔壁の有効開口面積を1・8㎡と仮定した試算を基準ケースとして

7

●No.7　p.11の6（1）②のe項は、なぜでしょうか？「語調が強くなった」ということは、異常発生後10分経過ごろから低酸素症の症状が現れたということでしょうか？

いるものです。報告書の参照ページを（　）で付してあり、p.8～9でも解説しております。

■No.7　ご指摘のとおり、低酸素症の発症と関連があるとみられるものとして、異常発生後10分経過ごろから機長の語調が強くなっていることを列挙しております。しかし、報告書では、これより前、異常発生後5分経過の18時29分後半から36分にかけて、b項の乗員間の会話が極端に少なくなっていることを列挙しており、そのころには低酸素症が発症していたものと分析しています。

No.8　遺族から寄せられた質問・疑問

●No.8　解説（案）の冒頭で、「事故」は、後部圧力隔壁の不適切な修理に起因し、……飛行性能の低下と主操縦機能を喪失したために生じたと推定」とあります。この調査報告書（案）を読むと、その性格上やむをえないこととは思いますが、「操縦士の低酸素症による知的作業能力、行動能力の低下」について紙面を割いています。「事故」の直接の原因が後部圧力隔壁の破壊であったとしても、それが123便が山中に墜落した唯一の理由なのか、という疑問を持ちます。123便の事故の一定期間後に、米国で123便と同様な状態を模擬した飛行機を、操縦士がエンジンの出力を微妙にコントロールし続けることでダッチロールを抑え、安全に着陸させることができた、というような新聞記事を覚えています。すなわち、123便の操縦士が低酸素症にかからないよう

運輸安全委員会の回答と対応

■No.8　ICAOのマニュアルでは、「原因は、できる限り、非難または責任の推測を最小にする方法で策定されるべきである」とある一方で、「事故調査当局は、非難または責任がその原因の記載から推測される可能性があるという理由だけで、原因の報告を控えるべきではない」とされております。「事故における原因事象となったいかなる状態、行為または状況も、明確に特定すべきである」とも記載されております。責任追及となることを避けるために、原因を記述しないということはありませんが、確からしさの低いものは原因として挙げるべきではないとされています。

なお、報告書p.118では、低酸素症だけではなく、「減圧状態と激しいダッチロール、フゴイド運動が運航乗務員の判断、操縦操作の能力を低下したものと推定される」としており、付録7の事

に酸素マスクを着用していれば、操縦かんの操作を長時間にわたって続けるということもなかったのではないか、という思いがあります。実際の事故の場合と、模擬実験では操縦士の置かれている心理状態など全く異なるとは思いますが。

「ICAO」マニュアルの3．2．6に「原因は、できる限り、非難または責任の推測を最小にする方法で……」と記載されていますが、このような事故の場合、事故の再発防止という観点からすると、上記の点をあいまいにしてしまうことには大いに疑問を感じます。操縦士の知的作業能力や行動能力の低下がなかったとしても墜落は避けられなかったのかどうかということについて記述はあるでしょうか。

故機が生還できる可能性を有していたか否か等を目的とした飛行シミュレーション試験等に基づき、p. 126では結論として、「同機は不安定な状態での飛行の継続はできたが機長の意図どおり飛行させるのは困難で、安全に着水・着氷することはほとんど不可能な状態であったものと考えられる」としております。

No.	遺族から寄せられた質問・疑問	運輸安全委員会の回答と対応
9	●No.9　p.16の項目「フラッタなどの説明」と突然専門用語が出てきて戸惑ったので項目名を「垂直尾翼などの説明」など別の項目名にした方が良いのではないでしょうか?	■No.9　「その他の要因が関与した可能性」に修正いたしました。
10	●No.10　「飛行機の空調で客室内の温度を回復できるほどの緩やかな減圧」が、「垂直尾翼全体をもぎ取るほどの強さ」につながることがどうもイメージしにくかったです。「それほど緩やかであれば、垂直尾翼も穴が開く程度で済んだのでは?」と。 (写真により墜落前に、垂直尾翼全体破壊されていることは確定済み) (p.17で補足されていますが……)	■No.10　別冊p.29付録2の6に破壊順序の推定がなされていますが、一か所が破壊すると隣接する取付部の破壊を誘発し、外部の空気流による力も加わり相当の範囲にわたってはく離するとしています。つまり、飛行中の機体は、８００km/時を超える猛烈な風にさらされており、外板に少しでも破壊が生じるとそこから連鎖的に破壊が生じると説明しています。最初に破壊が生じる約4ｐｓｉという値が、約０・27気圧、海面の高度と約２５００ｍの高度（浅間山程度の山）の気圧差という説明をp.17に加えました。また、減圧時間と温度低下の関係については、「断熱膨張とは」の解説を追加しました。

11

●No.11〈報告書生存者に関する記載について〉

元の報告書p.25「遺体の損傷状況」には「生存者4名を除いた他の者は即死若しくはそれに近い状況であった」と記載があります。この記載については疑問に思っております。以上のように、設備の問題だけでなく、救助体制の不備により救助が翌朝まで遅れたため、犠牲者が増えたことも明らかです。520名の犠牲を無駄にしないためにも、教訓として将来にいかすためにも「過去にはこのような残念な事や経緯があった。だから、今後はこのような不備のない救助体制ができた」など救助が遅れた理由（米軍との連絡不備など）も記載してほしいと願います。p.18～21があまりに救助できない言い訳に終始していて、一方で上記のような生存者の可能性について触れない点が残念でした。過去の悲劇を繰り返さないためにも、勇気ある決断を願います。

■No.11　当時は、事故の原因は調査しても事故による被害をどうすれば軽減できたのかについてまで調査を行うようになっていなかったことから、捜索救難の状況については詳細の記載がありませんでしたが、この解説では、現状で分かる範囲での捜索救難についての解説を加えました。できるだけ分かりやすく説明するようにはしていますが、航空事故調査報告書に新たな解析や原因の推定を加えるものではないことをご了承願います。

No.12

遺族から寄せられた質問・疑問

●No.12　客室高度警報音が一度なったあと、再び鳴り出したということについては、故障しているものが、何らかの理由で正常に戻ってという点がわかりにくいと思いました。フラッタ等の解説についても、なぜフラッタの発生を裏付けるものはないとしているのか、よくわかりませんでした。そして、アクチュエータ脱落による油圧配管の切断を示唆していますが、外部からの追突等による衝撃ではないと言い切れるのかについて、説明としてはあまりよくわかりませんでした。もし、アクチュエータ脱落説を支持するならば、そのあとの海底調査の方との関連で、アクチュエータの発見を重要視していないように感じられて、調査は原因究明のために何に重きをおいていたのかがよくわからないという感想を持ちました。

運輸安全委員会の回答と対応

■No.12　客室高度警報が一旦停止し、再び鳴りだしたことについては、明確な証拠による説明はできませんが、その他の状況に矛盾せず説明できる可能性について解説しています（p.14～16で記載）。

フラッタについては、発生していればＤＦＤＲ等に記録が残るはずですが、その形跡はありません。機体残骸から、爆発物等の成分は検出されておらず、ＣＶＲに記録されたコックピット内の会話にも衝突等を疑う会話は記録されていません（p.16～17で記載）。

海底調査については、当時としてはできる限りの捜索を行い、さらなる捜索を行うことができなかったことを説明しており、決してアクチュエーターの発見を軽視していることはありません。

13

●No.13　様々な角度から、専門家の方々のご尽力で報告書をまとめていらっしゃるのだろうと拝察いたしますが、残念ながら、航空機の構造さえよくわかっていない素人にとっては、技術的なこと、いろんな事の発生する確率などについて、やはり理解するのが難しいように思います。様々な要因が不幸なことに重なって事故が起きたのかもしれませんが、原因を何段階かに分けて、その一つひとつについて、それは、もしかしたら、防ぐことができ得たことなのか、その辺りがはっきりしないと、報告書として今後の事故防止につなげるのは難しいのではないかと感じています。そもそも報告書は、何に重きをおいて書かれているのか？誰に向かって報告をしているのだろうかと考えてしまいました。

■No.13　本年4月15日に、鉄道の福知山線事故調査報告書に関わる検証メンバー・チームから、被害者にとっても分かりやすく納得感の得られる調査報告書であるべきとの提言をいただいたところであり、調査報告書の在り方、さらに被害者の皆さまへの情報提供の在り方等も見直しているところです。

No.	遺族から寄せられた質問・疑問	運輸安全委員会の回答と対応
14	●No.14 急減圧に要する時間の説明として、B737事故を挙げてくださっています。 　123便の場合、基準ケースでは、1.8㎡開口で1万ftまで1.7秒、この数字も一覧の中にいれていただけるとより分かりやすいかと思いました。 　この一覧では、B737の場合の数字を「その大きさから比例配分して」入れてくださっていますが、実際の事故調査で検討された数字はないのでしょうか。	■No.14 表2（p.3）にB747で穴の面積1.8㎡時には1.7秒の欄を追記しました。 　また、サウスウエスト航空機（B747）事故の際の米国NTSBによる調査では客室高度警報作動の有無と飛行高度についてはDFDRの記録により解析されていますが、客室高度についての記録はなかったため、本解説では比例配分により解説しています。
15	●No.15〈乗員が酸素マスクをつけなかった理由〉 　事故調査報告書の内容の解説、加藤寛一郎さんのご著書からの抜粋、よくわかりました。この情報の他にさらに私が知りたいのは、実際に乗員の皆さんがこういった場合に、どのように判断され	■No.15 マスクを着けなかった理由として、加藤寛一郎さんの著書からの引用は、誤解を招く記述もあることから、解説からは削除いたしました。 　本解説の作成にあたっては、元ボーイング747機長であるHF研究所の本江彰氏にもアド

るかということです。加藤先生や米田さんのご著書にも一部ありますが、ＪＡＬの現役の乗員の方がどう感じておられるのか聞いてみたいです。また、この事故の場合に、急減圧があったにしろなかったにしろ、万が一急減圧という事態が起きたときに、すばやく酸素マスクをつけることは必要なことであり、その点について、訓練に問題はなかったのか、ということについても検討の必要があると思います。低酸素症という要素のほかに、検討の必要を感じるのは、コックピット内の人間関係についてです。ＣＡＰ、ＣＯＰ、ＦＥの上下関係、役割分担に問題はなかったのでしょうか。それぞれの乗員が、未曽有の事態に遭遇したときに、何をどのように考え行動すべきなのか、管制塔にどのように伝えればよいのかなど、何か指針はもっていたのでしょうか。そのようなことについて、訓練、研修はされているのでしょうか。また米田さんのご著書の中で、２０００年に報道さ

バイザーとしてご協力をいただき、作成しております。

また、ＣＶＲ記録とＤＦＤＲ記録等から読みとれる時系列の模様を別添とし、できるだけ分かりやすくコックピット内の様子も解説いたしました。ＣＶＲ記録については別添記載のとおりです。

人間関係、訓練、研修等については、報告書p.１１８に、「垂直尾翼の一部の脱落及び4系統すべての油圧が零にまで低下し、ほとんどの操縦機能が失われるという事態の発生は緊急または異常事態における対応として乗務員が日ごろ経験している教育、訓練及び知識の範囲外であり、運航乗務員は機体を制御できなかったものと考えられる。」、「教育・訓練及び知識・経験の範囲外にある異常事態に陥ったために、また、異常事態の内容を十分に把握できなかったために、さらに機体の激しい運動と減圧という厳しい状況におかれていたために、その対応について判断できないまま、飛行を

れたＣＶＲの中には事故発生後6分の酸素マスクについての会話は記録されていなかった、とされていますが、これは本当でしょうか。

16

●No.16〈客室高度警報音について〉

故障の可能性については違和感なく受け入れられます。警報音は、ＡＣＣやＪＡＬとの交信テープにも録音されているでしょうか。その点教えてください。プリレコーディングアナウンスのタイミングについて、事故直後の落合由美さんの証言と事故報告書に違いがあるように思いました。これについてはいかがでしょうか。

乗員組合の主張によれば、２０００年に公開されたＣＶＲの中で鳴っている警報音は、音が違う、そうですが、これについてはいかがでしょうか。録音による音質の問題でしょうか。

安定させるための操作に専念したものと考えられる」とされています。

■No.16　ＡＣＣやＪＡＬとの交信テープ等は確認できておりませんが、警報音、プリレコーデッド・アナウンス（ＰＲＡ）ともＣＶＲに記録が残っております。ＰＲＡのタイミングについては、報告書では事案発生後9秒、一方、落合さんの証言は「バーンという音と同時に耳が痛くなって機内が白くなった。あとは天井の一部が落ち同時にＰＲＡが流れこれが話に聞く急減圧と思った」であり、人の記憶の精度を加味すると特に違いはないと思われます。客室高度警報音ではなく、同じ警報音を使っている離陸警報音ではないかとの主張については、解説書のp.14~16の中で解説しております。

17

●No.17〈捜索救難〉

墜落地点の特定は、当時の技術では難しかったのでしょう。ただ、地元の方の経験や土地勘に基づいたアドバイスをよく聞いていれば、技術の足りない部分を補えたのではないかと思います。いつの時代にも、そのような技術の進歩の境目で見落としがちな要素があるのかもしれません。

飛行機の操縦についても同様で、コンピューター、オートパイロット等高度な技術をもってした機器が壊れてしまったときに、人間の技や判断、精神力でどう危機を乗り切るかということは、いつも頭に置いておかなければいけないことではないかと感じました。そのような視点での検証も必要ではないかと思いました。

■No.17 当時は、事故の原因は調査しても事故による被害をどうすれば軽減させることができたのかについてまで調査を行うようになっていなかったことから、捜索救難の状況については詳細の記載がありませんでしたが、この解説では、現状で分かる範囲での捜索救難についての解説を加えました。できるだけ分かりやすく説明するようにはしていますが、航空事故調査報告書に新たな解析や原因の推定を加えるものではないことをご了承願います。

No.	遺族から寄せられた質問・疑問	運輸安全委員会の回答と対応
18	●No.18〈その他〉 「原因不明」と書くに至った理由と、検討経過を書き加えてもらえたら分かりやすいと思いました。	■No.18　報告書p.91の3.1.9（5）にある自動操縦装置解除の警報音が確認できない理由については、検討経過が残っておらずどのような検討がなされたか分かりません。 別冊p.160にある客室高度警報音と見られる警報音が約1秒間だけ鳴った後、約27秒間停止してまた鳴り出したことについても、検討経過が残っておらずどのような検討がなされたか分かりませんが、解説においてp.15の7で説明しています。 本文p.126の4.1.7にある運航乗務員の対応で酸素マスクを着用しなかった理由及び緊急降下に入らなかった理由について明らかにすることができなかったとしていますが、そこに至った経過については、報告書3.2.7に書いてあり、それを本解説p.11～14で説明しています。

●No.19〈尾部破壊の順序と損壊に必要な内圧について〉

乗員組合から、破壊の順序について様々な疑問が呈されています。その中で私が気になっているのは次の点です。

垂直尾翼の耐圧限界がは4・75ｐｓ・ｉ±30％、ＡＰＵ防火壁の耐圧限界が4・00ｐｓ・ｉ±30％（3～4ｐｓ・ｉという記述もあります）とされています。「損壊の始まり」までの時間も、ＡＰＵ防火壁の方が、垂直尾翼よりも短いとされています。

しかし、「破壊はほぼ同時に起きた」とされています。ＡＰＵが先に損壊してそこからまず圧が抜ける可能性が大きいと考える方が自然だと感じます。どうして「同時」なのかの説明がほしいと思いました。

■No.19 本文ｐ．125の4．1．6．4には、「ＡＰＵ防火壁の破壊の直後またはその破壊とほぼ同時に垂直尾翼の破壊が始まったものと考えられる」としています。垂直尾翼とＡＰＵ防火壁の破壊については別冊付録4で計算しており、ＡＰＵが先に損壊して空気がそこから流出することを計算に入れても垂直尾翼の耐圧限界に到達する結果となっています。

No.	遺族から寄せられた質問・疑問	運輸安全委員会の回答と対応
20	●No.20〈隔壁修理ミスのいきさつ、背景〉 なんといっても、この点があきらかにされていないことが、最大の問題だと思います。国を超えての交渉になると思いますが、新たな調査を是非試みてほしいです。	■No.20 当時の国家間の事情で、残念ながら米国関係者のうち当事者の事情聴取はできませんでした。ご遺族の関心が高いことは、よく理解できますが、ご了承ください。
21	●No.21 世界最大の犠牲者が出たこの事故なので日本政府はアメリカに海底調査の依頼をしてくれてればと残念に思います。なぜならば事故当日もまず一番にＣ１３０機がＪＡＬ機を発見し、すぐに救助のためのアクションをとろうとした。アメリカサイドには様々な種類の飛行機も特殊部隊もすぐに出動できる体制であるので日本政府が真に命の救助というものに積極的であったならば、すぐアメリカ軍は協力してくれたと思います。したがって海底調査においても当時の日本とアメリカとでは比べものにならぬ程の各種の	■No.21 海底捜索については、当時としてはできる限りの捜索を実施いたしました。 また、墜落地点の捜索についても、本文p. 18以降に説明いたしました。

調査船、設備を持っているので、これもアメリカ軍は協力をしてくれたものと思います。日本政府は今からでも調査を要請することができるのではありませんか。

22

●No.22　図は読み取り、理解することが難しいものが多いように思いました（不勉強不慣れの為でしょうが）。

23

●No.23　海底調査はコストがかかるから無意味という事でしょうか。真実がかくれているかも判らないのではないでしょうか。

■No.22　分かりやすい解説となるよう努めましたが、簡略化し過ぎても正確性に問題が生じるため、難しい点もあるかと思いますがご了承ください。

■No.23　海底調査については、当時としてはできる限りの捜索を行い、さらなる捜索を行うことができなかったことを説明しており、決して残骸の発見を軽視していたことはありません。

No.	遺族から寄せられた質問・疑問	運輸安全委員会の回答と対応
24	●No.24 紙面では理解しにくい事も多々あります。特に高齢者には説明会でも開いてくだされば と希望します。も当時の日本とアメリカとでは比べものにならぬ程の各種の調査船、設備を持っているので、これもアメリカ軍は協力をしてくれたものと思います。日本政府は今からでも調査を要請することができるのではありませんか。	■No.24 要望があれば可能な限り対応します。
25	●No.25 初めに〝今回の航空事故調査報告書に於て新たな解析や原因の推定を加えるものでは無い〟と明記されている件について。 ・前回の事故原因を全面的に肯定するのではなく、事実を多用な角度からシミュレーションし、当時のデータ開示等考えられる総ての要因実験をし、それら一つずつの結果の解明を公表してください。 ・報告書内容の一番疑問視されている重要な個所が、疑問符で止めて有り、明確に記されていません。	■No.25 今般、遺族の皆さまの疑問点についてできるだけ分かりやすく説明するために、報告書の解説を作成したものですので、ご了承ください。

26

●No.26　現在までされた検証は、あくまでも圧力隔壁の破断から始まった尾翼喪失であるが、先ず、何等かの原因により尾翼喪失が発生し、その後圧力隔壁の破断が発生したと考えられるか。

■No.26　フラッタや、爆発物による破壊の可能性については、報告書の記載を解説しております。p.17の図10にリベットからの空気の吹き出しを示していると見られる黒色の付着物が付着した尾翼外板の写真を添付しましたが、先に尾翼が喪失したとするとこの付着物の理由を説明するのは困難です。

27

●No.27　p.18に記されては有るが、尾翼喪失時間帯に自衛隊機のミサイル発射訓練の事実は防衛省からの情報提供を受け、自衛隊機の誤発射の可能性の検証

■No.27　フラッタや、爆発物による破壊の可能性については、報告書の記載をp.16～18で解説しております。

　なお、海上における自衛隊の発射訓練等は、周辺海域の船舶の通航を阻害することとなっているため、その実施場所、日時等を事前に公示しなければならないこととなっており、事故当日、周辺海域での訓練実施の記録はありませんでした。

No.	遺族から寄せられた質問・疑問	運輸安全委員会の回答と対応
28	●No.28 急減圧が有った場合の機内状況のシミュレーションと、その結果。 総てに人の命と苦しみが有る事を認識して解明してください。	■No.28 今般、遺族の皆さまの疑問点についてできるだけ分かりやすく説明するために、急減圧発生後の機内の状況について報告書の解説を作成したものですので、ご了承ください。
29	●No.29 事故発生高度からエンジン出力の調整のみで揚力が維持できる時間と距離の試算。命を運ぶ時間です。p.14では不充分です。	■No.29 事故機に不具合が発生してから墜落まで約32分間、飛行を継続し、燃料としてはその後約2時間以上飛行できる燃料を持っていたはずですが、飛行を継続できる時間と距離よりも、このような状況で安全に着陸できるかということが重要なので、それは飛行シミュレーション試験を行って確認し、事故機と同じ故障形態では着陸は不可能であったと考えられるとしています。今般、遺族の皆さまの疑問点についてできるだけ分かりやすく説明するために、報告書の解説を作成したものですのでご了承ください。

30

●No.30　ゆるやかな減圧のケースについて（p.9）

■No.30　報告書では、基準のケースの他に、ゆるやかな減圧のケースを算出しており、解説でもp.9に記載しておりましたが、警報音等の他の状況を勘案すると考えにくいケースなので、その部分は削除しました。

11.「123便解説書」作成までの経過

2010年

8月9日　前原元大臣に面会遺族12人、事故原因の疑問について遺族から要望が出る

8月29日　遺族で話し合う

9月7日　海底捜索が可能かどうかを調べるためにソナー会社とコンタクトをとる

9月20日　8・12連絡会が、運輸安全委員会へ当時の海底捜索資料について問い合わせ

10月3日　「海底捜索についての意見」を8・12連絡会会報で遺族に呼びかけをする

10月15日　遺族が当時の事故調査委員会委員と面会

10月29日　運輸安全委員会と8・12連絡会代表とで会議。再調査についての要望書提出。

11月10日　8・12連絡会から遺族宛に「事故原因への疑問・質問」募集

11月12日　遺族が、ソナー会社の人と面会

11月20日　8・12連絡会から遺族に上記までの経過報告

２０１１年

1月12日　運輸安全委員会と８・12連絡会会議　解説案ができる

2月2日　運輸安全委員会と８・12連絡会会議　解説案の解説と修正

2月12日　８・12連絡会会報「おすたか」にて運輸安全委員会への質問内容を再度募集

2月12日　８・12連絡会側アドバイザーとして会議への参加を小林忍氏、本江彰氏に依頼

2月12日　８・12連絡会から遺族へ解説案を送り、意見をもらう。

4月6日　運輸安全委員会と８・12連絡会会議　解説案の解説と修正

4月12日　遺族へ解説書案に対するアンケートを実施
　遺族から質問のメールが運輸安全委員会と８・12連絡会に届く

6月28日　運輸安全委員会と８・12連絡会会議　解説案の解説と修正

7月29日　１２３便事故解説書を運輸安全委員会ＨＰに公表

7月29日　１２３便事故解説書を８・12連絡会ＨＰに公表

右記以外に解説書に対する論議を、運輸安全委員会と８・12連絡会とのメールで頻繁に行う。

8・12連絡会　原因究明部長　河口真理子
8・12連絡会　事務局長　美谷島邦子

12．8・12連絡会アピール

8月12日の日航機事故から4ヵ月がすぎた今、私たち遺族は手を取合って立ち上がることを決意いたしました。私たちが手を取り合うことができるのは、私たちの最愛の人たちが、あの死の前の無念と苦痛の時間を一つの空間で共有したという事実と、残された者同士が、その悲しみ、怒り、悔しさを共感できるという認識があるからです。その強い絆で支え合いながら、私たちは、この事故の示唆するところを世に広く問いかけていきたいと考えています。

この連絡会の目的は、遺族相互で励まし合い、助け合い、一緒に霊を慰めていくことです。また、事故原因の究明を促進させ、今後の公共輸送機関の安全性を厳しく追究していくことです。私たちは、あの忌まわしい出来事が繰返されないために、世界の空が安全になることを心より願って行動を起こしました。

私たちは、独自の主体性を守り、他のいかなる政治、宗教、組合等の団体に属することはしません。また、利益を追求することや、会として補償交渉の窓口となることはしません。

一家の大黒柱を失い暮らしがなりたたない人、乳呑み児を抱えて日々の生活に追われている人、家族全員を失い一人ぼっちになってしまったお年寄りなど、様々な状況の中で、不安な日々を送っている人たちがいます。私たちは、この事故でそういう社会的に弱い立場におかれてしまった人たちとこそ、心を結び、助け合っていきたいと願っています。

また、事故調査委員会の原因究明を厳しく監視し、事故原因が曖昧にされてしまうことがないよう見守りながら、日航とボーイング社の責任を問うていきます。さらに、運輸省、関係当局ならびに日航、ボーイング社を含む公共輸送事業者に対しても、事故再発の防止のため、抜本的な安全対策を要求していきます。そのことによって、あの事故でこの世を去った人たちの霊を、本当に慰めることができると信じます。

私たちは、「遺族」と呼ばれ、悲しみに打ちひしがれた姿を期待され、下を向きながら生きていくことに終止符を打つために、あえて会の名から「遺族」の文字を削りました。今は「遺族」を憐れんでいる誰もが、第二、第三の「遺族」となる可能性をもっているのです。私たちは、〝とうろうの斧〟と言われようとも、多くの方々と、共に考え、行動することを宣言し、広く皆さんに呼びかけます。

1985年12月20日　群馬教育会館

8・12連絡会

あとがき

30年目の「茜雲」にふさわしい文章がたくさん届きました。それぞれに、悲しくも、苦しくも、一生懸命の30年でした。

遺族のみなさんの文章を読みながら、ＰＴＳＤ（心的外傷後ストレス障害）、被害者支援などの概念がなかった時代に、８・12連絡会が果たした役割は確実にあった、そして、当初は想像もできなかったのに、その助け合いの輪を長く継続することができたことは本当によかった、と30年の間私たちを守ってくれたすべてのことに感謝の気持ちが湧きました。

事故後も、航空機事故をはじめとして、さまざまな事故が発生しました。天災もありました。交通関係、機械に関わる事故、原発事故や火災、爆発など製造現場で起きる事故、建物の事故、海難など、ここで網羅することはできませんが、人間の考え出したものにより人間が被害にあうという構図は共通だと思います。

地震や台風などの天災も事前に的確な想定をして機械や人の対策を立てることにより、被害を最小限にしたり二次災害を防いだりできるでしょう。

この30年で、安全学、安全工学という学問の考え方が大きく進歩しました。

しかし、安全対策に拮抗する経済性などの要素も相変わらず幅を利かせています。事故の様相や社会環境が変化する中で、私たちには変わらないものがありました。それは、大切な人を亡くした喪失感、消えることのない痛み。そして、あの事故の教訓を社会の安全に生かしたいという切実な気持ちです。

８・12連絡会は、30年間絶え間なく様々な提案をしてきました。事故調査委員会・運輸安全委員会、検察庁、検察審査会、運輸省・国交省、日本航空などへ。そして、消費者である一人ひとりと社会全体に向けて。私たち遺族が発言するからこそ重く受け止めてもらえる、亡くなった方々の命を無駄にしないために私たちが言わなければならない、という思いでした。

詳しくは、「はじめに」（p.7）や、被害者支援の動向（p.１６９）、年表（p.１７３）、運輸安全委員会の解説書について（p.１９５～）をご覧ください

事故から20年目に広島平和記念資料館を訪れ学びました。遺品の後ろにある人生を想像しました。戦争や事故の記憶を、後世に伝え、社会の平和や安全を作るのは、ほかでもない私たちの意識の中にあります。企業や行政、政治、司法への関心度が小さければ、どんどん社会の安全度は下がります。

日航機事故は、とても悲しいできことでしたが、亡くなった方々は、私たち遺族に仕事を

与えてくれました。事故から４ヵ月後の、８・12連絡会発足時のアピール文には「蟷螂之斧《とうろうのおの》と言われようとも、多くの方々と、ともに考え、行動することを宣言し……」という言葉を盛り込みました。これからも、私たちだからできる提案があればしていきます。被害者の支援についてもお手伝いします。

最近では、この６月に日航安全啓発センターで、遺族とＪＡＬが慰霊のことや会社の安全体制などについて「思いを語り合う会」を開きました。今年で２回目です。企業が被害者の生の声を聞くことで「安全文化」を高めることにつなげたいと思います。

30年を経た今後も、事故原因についての活動は続きます。「修理ミスの背景が知りたい」です。今なら「罪を問わないこと」を前提にアメリカとの交渉が可能なのではないか、という声もあります。

また救難救助の体制は改善されたでしょうか。今同じような事故が起きたと仮定して、当時より多くの命を救うことができるでしょうか。国は、縦横の組織の連携をさらに強化し、迅速に情報の共有が行える体制を調え、万が一の事故に備えて欲しいと願います。

本書は、20年目の『茜雲総集編』と同じ出版社、本の泉社の比留川社長から「今回も引き受けますよ」とうれしいお声をかけていただき、出版にこぎつけることができました。

そして、毎年慰霊登山をされ、８・12連絡会の活動を30年間あたたかく見守ってくださっている柳田邦男先生から、推薦文をいただきました。心よりお礼を申し上げます。
朝目覚めて、一日を無事に過ごせる幸せと、そのために、私たちは何を守らなければならないのかについて、この本から感じ取っていただければ幸いです。

安全の尊さを身をもって教えてくれた520人のみなさまに心から感謝して。

合掌

美谷島邦子
西井紀代子

茜《あかね》　雲《ぐも》

日航機御巣鷹山墜落事故遺族の30年

2015年7月21日　初版第1刷発行
2024年7月23日　初版第2刷発行

編　者　8・12連絡会
発行者　浜田　和子
株式会社　本の泉社
〒160-0022　東京都新宿区新宿2-11-7 第33宮庭ビル1004
電話（03）5810-1581　FAX（03）5810-1582
印刷／製本　株式会社　ティーケー出版印刷
ISBN978-4-7807-1236-0 C0095